GUANG
DONG

广东省民营企业调查研究

THE STUDY REPORT OF PRIVATE ENTERPRISE SURVEY IN GUANGDONG PROVINCE OF CHINA(2018-2020)

（2018~2020）

徐丽鹤 李青 / 著

社会科学文献出版社
SOCIAL SCIENCES ACADEMIC PRESS (CHINA)

本书为国家社会科学基金重大项目
“粤港澳大湾区构建具有国际竞争力的现代产业体系研究”
（20&ZD085）的阶段性成果

前　言

中小企业在中国经济和社会的发展过程中发挥着巨大作用。根据《中国小微企业金融服务报告（2018 年）》的统计，“我国中小微企业贡献了 50% 以上的税收、60% 以上的 GDP、70% 以上的技术创新、80% 以上的城镇劳动就业、90% 以上的企业数量，是大众创业、万众创新的重要载体”。但同时，中小企业也面临诸多困境，例如体制成本高、融资贵、融资难、税收高、信息不对称等问题，这引起了学术界和政府的广泛关注。在 2018 年的国务院常务会议中，李克强指出，要“加大对民营经济和中小企业的支持”，同时会议指出，“要更大力度减税降费，改进融资服务。完善普惠金融定向降准政策。将支小再贷款政策扩大到符合条件的中小银行和新型互联网银行。出台小微企业授信尽职免责的指导性文件。加快民企上市和再融资审核。支持资管产品、保险资金依规参与处置化解民营上市公司股权质押风险”。

然而，目前关于中小企业和企业家的基础性研究相对薄弱，学界对中小企业存在的问题认识不够具体，不够清晰，不够准确，具有代表性的中小企业微观调查数据严重缺失。当前中国虽有一些微观企业或者家庭调查数据库，但大部分调查数据库都不对外公开，且不能很好地呈现中小企业的情况。例如中国工业企业数据库，只针对在中国经济中占比较低的规模以上企业，具有不能够完整解释中国中小企业现状的缺陷。此外，家庭调查虽有中国家庭追踪调查（CFPS）、中国家庭金融调查（CHFS）、中国家庭收入调查（CHIP）、中国健康与养老追踪调查（CHARLS）、中国健康与营养调查（CHNS）、中国综合社会调查（CGSS）、全国农村固定观察点调查数据、中国城镇住户调查（UHS）等，但上述关于家庭（或个人）的调查或多或少涉及自雇经营和工商企业等信息，并不足以全面反映和发现中小企业实际经营过程中面临的困难和挑战。为此，项目组于2018年在广东省开展了针对中小企业的调查，全面梳理企业及企业家的发展历程，深入探索企业运行机理，归纳和总结并进一步推导中国中小企业发展规律，指出它们存在的实际问题，为深化体制机制改革（放管服）以及企业战略决策提供现实依据。

本报告主要从以下几个方面阐述企业发展规律。

首先，走近广东省巨大经济活力源头——民营企业家，勾绘广东省民营企业家画像。企业发展与企业家息息相关，这些引领着广东省经济蓬勃发展的企业家值得深入的了解与琢磨。因此，了解这些企业家的个体特征分布，如年龄、性别、籍贯、职业、家庭等，进一步探寻个体特征对其创业历史，如创业次数、跨行创业、创业年限等的影响，以更好地理解广东省企业家形象。

其次，进一步描绘这些企业家如何对资源进行配置，以及这些选择对企业经营表现产生何种影响，从而理解企业家如何通过有效资源配置给企业带来正向作用。本书依托田野调查，将资源配置分为人力资源投入、人力资源管理、企业研发投入及企业投资。特别需要说明的是，基于制造业的特殊性和重要性，本书将单独提取出制造业的企业家，梳理制造业企业家资源分配的选择，及其对企业经营表现的影响。

再次，刻画企业家所拥有的无形资源，并分析这些资源对自身乃至对企业成长的作用。其中无形的资源包括政府资源、社会资源、政策资源，据此考察企业家行为以及企业发展情况。

复次，从企业发展的客观情况以及企业家主观评估两个角度勾勒出广东省营商环境概况。其中，本书将从市场准入、商事服务、社会环境三个维度出发，分别考察梳理营商环境对企业家行为以及企业发展情况的影响。

最后，从企业家的个体特征、政府资源、所处环境等方面出发，观测企业家成长过程中的各种因素是如何影响企业家的人生选择的，并观测他们的选择对社会、经济产生怎样的影响。

目 录

图目录

表目录

引　言

1. 项目介绍

（1）调查的意义和目的

企业是经济运行的基本单位，客观反映企业运行状况的数据，是政府实施宏观调控、市场主体进行经济决策的重要基础。然而，目前国内企业调查数据较为匮乏，仅有的一些全国性调查涉及面也较窄，如：国家统计局实施的企业调查（包括规上工业统计和小微企业调查）涉及收入支出、就业、资产和纳税等维度，这仅能满足国民经济核算的需要，且不对外开放；世界银行实施的企业调查则侧重于表现营商环境的指标；中国民（私）营经济研究会联合全国工商联等单位实施的全国私营企业调查主要关注企业经营状况和企业主特征；西南财经大学实施的中国小微企业调查则重点关注中国小微企业的金融信息。这些调查都未能全面反映中国民营企业家的企业创建、创新以及贸易、对外投资的过程。

1978 年改革开放以来，广东省企业家为广东省乃至中国经济发展做出了突出贡献。因此，在中国改革开放 40 年之际，启动广东省企业动态追踪调查，以广东民营企业和民营企业家为主体，用数据记载广东民营企业在国际化舞台上从无到有的发展过程，是纪念改革开放40年、致敬广东民营企业家的最好方式之一。

广东省作为中国改革开放的前沿阵地，广东企业的创建、创新发展、参与国际分工以及“走出去”等信息无论是对发展中国家的企业还是对中国内部企业的发展都是值得借鉴和学习的。因此，开展企业动态追踪调查，不仅对中国企业未来发展具有非常重要的意义，而且对当前中国经济领域学术和智库研究水平的提升，也具有非常重要的基础性支撑作用。

本项目由广东国际战略研究院与北京大学中国企业大数据研究中心的中国企业创新创业调查（ESIEC）项目组合作开展，2018年在上海、广东、辽宁、浙江、河南和甘肃6个省市进行调查。首轮基线调查中，具有广东省代表性的企业数据库由广东国际战略研究院负责创建，该项目计划每2年进行一次追踪调查，企业重要信息采用季度电话回访的调查模式，合作创建中国企业数据库，实现资源共享。

本项目的调查目的是，以民营企业（包括在工商局注册的公司和个体工商户，不包括外资和国有企业，下同）及其创建者为调查对象，采用面访方式，对所选企业的主要创建者、企业负责人进行问卷调查，以获取企业基本信息并进行后期分析。

（2）调查内容

为体现数据的广东特色，该项目将以广东省的地级市为抽样基点，根据企业地域分布情况，以产业集聚为权重进行抽样调查。

调查内容主要有企业基本信息、创业情况、创新情况、贸易情况、投资情况、网络关系、营商环境、价值链等。调查问卷调查时长约60分钟。

基线调查于2018年启动，调查对象为2010年1月1日至2017年12月31日注册的民（私）营企业（不包括分公司）。根据获得的访问信息的不同，可将访问对象分为两类：第一类是创业者，第二类是企业的主要负责人。在访问不到创业者和主要负责人的情况下，经批准可以访问主要负责企业经营的其他人或其家人。

1）创业者是指作为企业创立的主要发起人，对企业创建和经营事务起最终决策作用的自然人。需要说明的是，如果是夫妻共同创业，则二人均可作为创业者进行访问；如果企业的最大股东是其他企业，则作为最大股东的其他企业最终决策者或主导受访企业创建过程的自然人等，均可作为创业者进行访问。

2）经营者，即目前负责企业日常运营的主要负责人，例如董事长或者首席执行官（CEO）。

2. 抽样方案

本项目以2010年1月1日至2017年12月31日注册的私营企业和工商个体户为全样本，以行业分布为权重进行PPS分层抽样，预计覆盖广东省21个地级市。具体执行由北京大学中国企业创新创业调查项目组负责，同时可以和现有的家庭调查样本相匹配使用（如CFPS）。

本项目的具体抽样方法如下。

(1) 第一层：城市抽样。

首先，东莞市、中山市直接进入第一层样本。

其次，广东省全部城市按照人均GDP排名，分层抽取16个区（县）。城市抽样比重参照广东省区（县）比例。例如：

$$16 \times 64/121 = 8.46$$

式中，取整为9个区，其余为7个县。

CFPS广东省城市样本直接进入第一层样本（可重复）。

再次，未进入上述抽样的地级市，定向选择工商企业注册数目最多的区，以全面覆盖广东省21个地级市。

（2）第二层：企业终端抽样。

目标是每个城市注册企业样本数目为500家。

首先，将企业分为公司和个体工商户两种类型，分别进行抽样。其中公司法人企业400家，个体工商户100家。

其次，广东省将代表性行业分为批发零售业等16组，数目权重为1/3，其他行业等权重抽取。

调查共抽取14500家企业，其中个体工商户2900家，公司法人企业11600家，覆盖广东省21个地级市。

3. 执行与质控

（1）组织模式

本次调查由广东国际战略研究院、广东外语外贸大学校团委和北京大学中国企业创新创业调查项目组共同负责访问人员的编组和组织协调工作。每个城市选派一支由8名访问人员组成的调查队。其中，队长1名，负责该队的样本清理和分配、现场调查执行方案的制定和实施、与地方政府有关部门的沟通、队员的组织协调、财务报销的账务整理和汇总以及项目组交办的其他工作，例如每日统计汇报、当天调查通信、实地调查照片回传、具体情况汇总等。

按照两人一组、男女混搭的原则，将每支调查队的8名成员（包括队长）分成4组，分别直接登门面访样本企业。

采用PAD标准化问卷访问，在访问过程中，一名队员负责提问，另一名队员负责协助，争取受访对象的持续配合，维护访问环境，实时回传企业访问信息。

（2）队员管理

本次调查队员的招募，由广东外语外贸大学校团委牵头，以广东外语外贸大学在校大学生、硕士研究生和博士研究生为主，辅之以其他高校广东籍的在校大学生、硕士研究生和博士研究生。广东外语外贸大学以校团委的名义面向全校在校学生招募队员，其他高校队员通过自愿报名的方式招募，招募项目组统一发布招募通知，接受大家报名登记。最后，在1500多名报名者中，优先选择广东籍学生，遵照生源地和抽样区域相匹配的原则，并按性别比例1∶1的标准进行遴选。每个城市8人一组，其中1人为硕士或博士研究生，担任队长。

（3）队员激励与培训

对成功完成访问任务的队员给予交通、住宿、餐饮和劳动补贴，并将其提交的访问心得，汇集成册，编辑出版。访问活动完成后，项目组织将选出优秀代表予以表彰。

广东国际战略研究院调查工作小组及广东外语外贸大学校团委共同负责队员为期3天的完整培训。

广东国际战略研究院调查工作小组负责问卷内容、调查流程、调查技巧、数据清理内容和方法的讲解。广东外语外贸大学校团委负责访问技巧、沟通技巧、安全知识等内容的培训。技术部负责 PAD 使用方法的讲解。

质控组负责电话、录音内容的核查和方法的讲解。

（4）问卷测试

电子版问卷开发完成后，由广东国际战略研究院项目执行团队和北京大学中国企业创新创业调查项目组组织调查业务骨干进行两轮以上的实地调查测试，并根据测试结果，对 PAD 版问卷进行修正，直至能够无障碍、无误差地执行实地调查。

（5）实地调查执行

首先，由队长组织本队成员，根据国家企业信用信息公示系统（http：//www. gsxt. gov. cn/index. html）上的企业信息，借助百度或高德电子地图对所有样本的地址和联系方式进行确认与更新，生成更为精确的地址信息和企业所在区域类型，方便统一规划队员行走路线和现场寻找企业，统一排查。

其次，队员根据更新后的企业地址，利用百度地图或高德电子地图，租用当地交通工具到达样本企业。在企业经营地址不准确的情况下，可通过询问已访对象、企业经营所在地周边的企业主和居民以及当地政府有关部门［如企业局、产业集聚区（工业园区）或高新技术区管委会、乡镇政府等］的工作人员来寻找企业。不允许在未到达企业注册地或经营所在地，且通过其他方式还可能找到企业的情况下，与受访对象进行电话联系。即使需要通过电话联系受访对象，也尽可能地使用本地号码，以最大限度降低拒访率。

最后，队员手持移动终端（PAD）直接登门面访符合要求的受访对象。

原则上，不允许队员对受访对象进行电话访问，只有受访者不在受访地且在调查期间回不到受访地时，可在征得项目组批准的情况下进行电话访问，但仍需前往企业注册地采集企业的地理位置信息。

（6）调查时间与数据传输

2018 年 7 月 15 ~ 17 日，培训队员，合格上岗。之后队员领取调查材料，如 PAD、问卷卡片、保密协议、队员证、服装、雨伞、企业礼品等。

2018 年 7 月 18 日至 8 月 2 日，在样本区域正式开展实地调查。

到达目的地后，队员开启调查问卷系统，上传当时所在地位置信息和开始访问时间。

调查结束后，队员在受访地点提交问卷，即可实时将数据传输到北京大学中国社会科学中心服务器、广东国际战略研究院服务器。

（7）质量控制

①电话核查。

成立电话核查小组。电话核查小组根据电话核查方案，重点核查队员是否到达企业经营场所、是否对受访对象进行了访问、访问的对象是否符合定义、提问方式是否符合规定、提问过程是否完整等。电话核查小组应详细记录电话核查结果，并将核查结果于第二天上午 12 时前反馈给队员确认，同时抄送项目组。

②录音核查。

成立录音核查小组。录音核查小组根据录音核查方案，重点核查访问的对象是否符合定义、提问方式是否符合规定、提问过程是否完整等。录音核查小组应详细记录录音核查结果，并将核查结果于第二天上午 12 时前反馈给队员确认，同时抄送项目组。

③数据复核。

成立数据复核小组。数据复核小组收到上传数据后，即可根据复核方案对数据进行综合分析。重点查验是否存在漏答、错答、明显的逻辑错误和计量单位错误等问题。数据复核小组需在数据上传后的第二天上午 12 时前，将复核结果直接反馈给队员。队员根据数据复核小组的审核反馈结果，及时纠错或者补访。数据复核小组应详细记录数据复核结果和队员的反馈意见、处理方式。

④巡视督导。

由项目团队老师、项目组成员、广东外语外贸大学校团委以及广东国际战略研究院经管学科研究员等组成巡视督导组，随机抽取若干调查队，跟队督导，同时协助队长对学生进行心理疏导和协调地方关系。

4. 数据总体描述

（1）广东省民营企业生存经营状态

图 0－1 描绘了 2018 年样本企业的生存经营状态。结果显示，仅有 24% 的样本企业确认仍在原址经营。其中，36.8% 的企业接受了访问，目前有效样本数为 1343 个。其中 14% 的企业已注销或被吊销营业执照，3% 已搬迁，2% 事实上已不再经营，但未履行注销手续。根据工商局登记注册的基本信息，如注册地址、企业名称、法人姓名和电话等，再结合周边相关人员提供的信息，确定有 35% 的注册企业是找不到的。原因有三点：①虚拟注册；②地

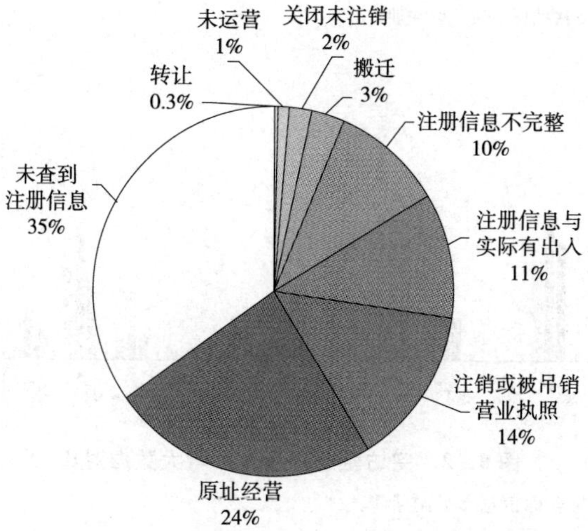

图 0－1　2018 年样本企业的生存经营状态

址变更后未报备登记；③原始登记信息失真，如错误电话、地址、企业名称等。

（2）完访企业的行业分布

图 0－2 描绘了完访企业行业分布与大数据对比情况。目的是通过对比接受访问企业、随机抽样企业与工商注册企业大数据的行业分布情况，检验本次调查数据的代表性和有效性。统计结果显示，除了住宿和餐饮业、租赁和商业服务业外，随机抽样企业、接受访问企业的行业分布与工商注册企业大数据的行业分布基本一致。其中，住宿和餐饮业的完访率更高，因为队员可以找到大部分企业及其经营地址，并且能够见到企业家本人。租赁和商业服务业的完访率较低，其中虚拟注册、不在实际注册地址经营的情况较多。接受访问的采矿业企业数量几乎为 0。批发零售业因抽样权重为 1/3，所以接受访问企业的行业占比和随机抽样企业的行业占比低于工商注册企业数目。

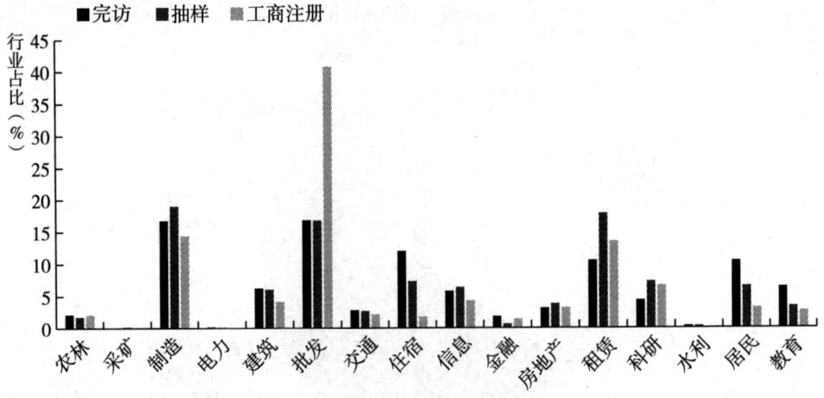

图 0－2　完访企业行业分布与大数据对比

注：行业简称与全称信息参见附录 1。

第1章 广东省民营企业家的创业史

1.1 广东省民营企业家特征异质性分析

1.1.1 性别差异

图1-1描绘了企业所在地区和企业家性别之间的关系。企业所在地共分为21组，分别为广东省21个地级市。图1-1显示在各地级市男性企业家数量都明显高于女性企业家数量，其中，无论是男性企业家还是女性企业家，其分布数量最多的前两位所在地是深圳市、广州市；深圳市有男性企业家167人、女性企业家109人，广州市有男性企业家128人、女性企业家67人。

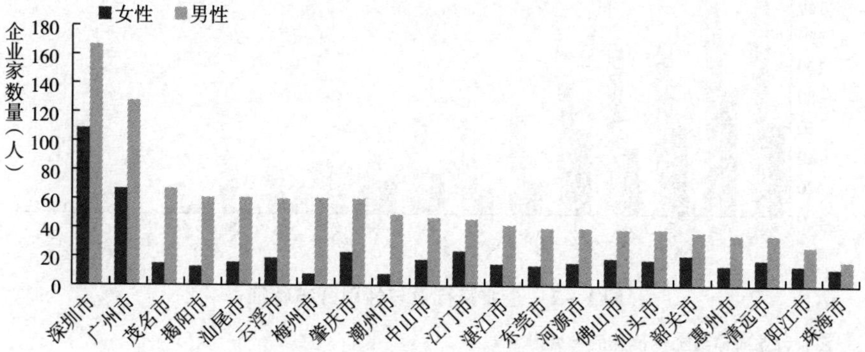

图1-1 企业所在地区和企业家性别分布特征

图1－2描述的是企业家性别和其企业所属行业分布情况。企业所属行业分为16组，分别为农林牧渔业，制造业，电力、热力、燃气及水生产和供应业，房屋建筑、土木工程建筑、建筑安装、建筑装饰和装修业，批发零售业，交通运输、仓储和邮政业，住宿和餐饮业，信息传输、软件和信息技术服务业，金融业，房地产业，租赁和商务服务业，科学研究和技术服务业，水利、环境和公共设施管理业，居民服务、修理和其他服务业，教育、卫生、社会工作、文化、体育和娱乐业，公共管理、社会保障、社会组织或国际组织。总体而言，无论哪个行业，男性企业家数量均高于女性企业家数量。其中，男性企业家所在行业以制造业最多，其次是批发零售业、住宿和餐饮业，其人数分别为180人、157人、111人；女性企业家所在行业以批发零售业最多，依次为制造业、住宿和餐饮业，其人数分别为84人、61人、60人。

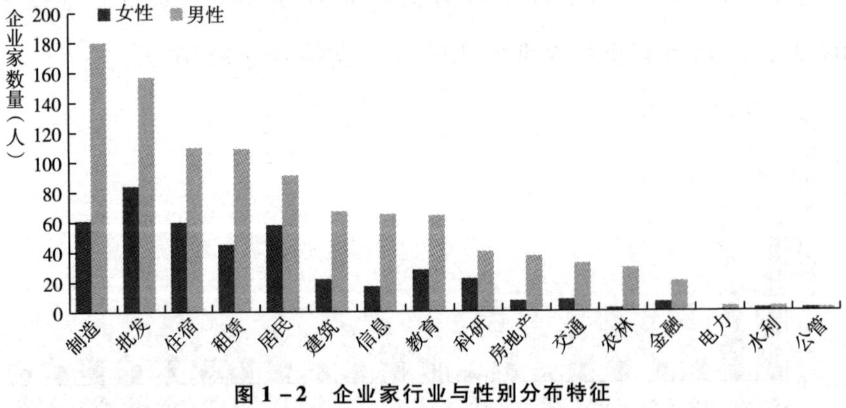

图1－2　企业家行业与性别分布特征

注：行业简称与全称信息请参见附录1。

图1－3描述的是企业家受教育程度与性别分布情况。受教育

程度分为8组，分别为没上过学、小学、初中、普通高中、职业高中、大专、本科、研究生[①]。图1－3显示，男性企业家受教育程度依次为本科最多，其次是大专、初中，其数量分别为208人、206人、188人；女性企业家受教育程度以大专最多，其次是本科和初中，其数量分别为104人、75人、73人。

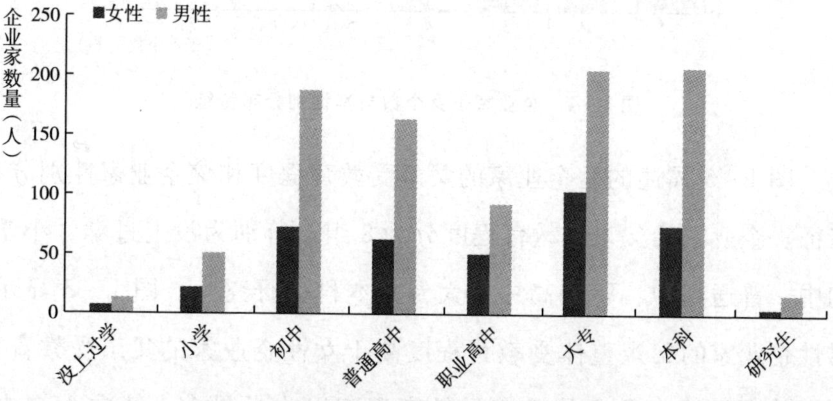

图1－3　企业家受教育程度与性别分布特征

注：职业高中包括成人高中、中专、技校。

以上统计显示，广东的企业家仍以男性为主，但女性在各行业、各领域也日渐活跃。同时，无论是男性创业者还是女性创业者，学历普遍较高，多数为高中及以上学历。

图1－4描述的是企业家子女个数和其性别分布情况。子女个数分为8组，分别为1个、2个、3个、4个、5个、6个、7个、8个。图1－4显示，男性企业家和女性企业家子女个数均以2个最多，其次为1个、3个。

---

① 研究生一般包括硕士研究生与博士研究生，因不少企业家只拥有学历证书而无学位证书，故全书用“研究生”概括。

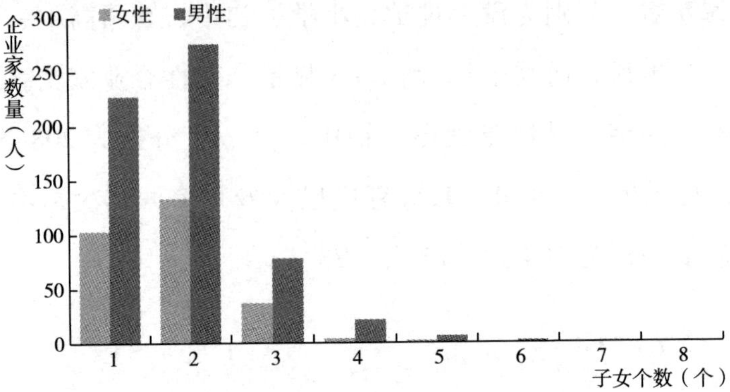

图 1－4　企业家子女个数与其性别分布特征

图 1－5 描述的是企业家的父亲受教育程度和该企业家性别分布特征。企业家的父亲受教育程度分为 8 组，分别为没上过学、小学、初中、普通高中、职业高中、大专、本科、研究生。图 1－5 显示，男性企业家的父亲整体受教育程度高于女性企业家的父亲受教育程度。其中男性企业家的父亲受教育程度以小学最多，其次为初中、普通高中，其人数分别为 258 人、225 人、190 人；女性企业家的父亲受教育程度为初中最多，其次是小学、普通高中，其人数分

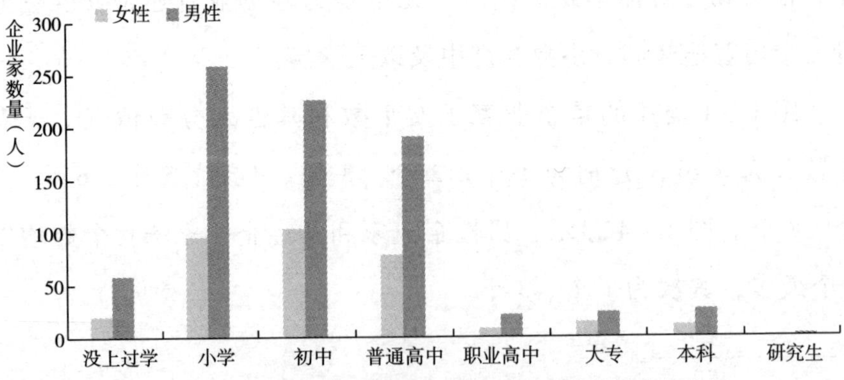

图 1－5　企业家的父亲受教育程度和该企业家性别分布特征

注：职业高中包括成人高中、中专、技校。

别为 103 人、95 人、78 人。

图 1 –6 描述的是企业家的母亲受教育程度和该企业家性别的情况。受教育程度分为 8 组，分别为没上过学、小学、初中、普通高中、职业高中、大专、本科、研究生。图 1 –6 显示，男性企业家的母亲整体受教育程度高于女性企业家的母亲受教育程度。其中男性企业家的母亲受教育程度为小学最多，其次为初中、没上过学，其人数分别为 327 人、201 人、138 人；女性企业家的母亲受教育程度为小学最多，其次是初中、没上过学，其人数分别为 140 人、89 人、38 人。

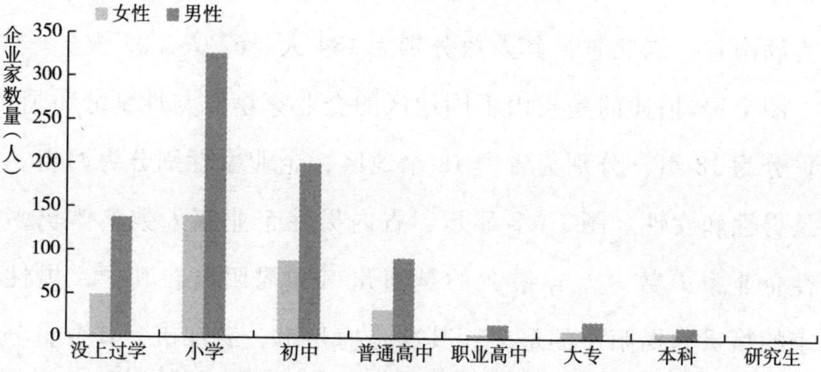

图 1 –6　企业家的母亲受教育程度和该企业家性别分布特征

注：职业高中包括成人高中、中专、技校。

图 1 –7 描述的是不同籍贯（全国范围）企业家性别分布的情况。企业家的籍贯分为 28 组，分别为全国 28 个省级行政区。企业家性别分为两组，分别是男性和女性。图 1 –7 显示，无论企业家籍贯为何处，男性企业家数量基本上大于女性企业家数量。籍贯为福建省、江西省、河南省、湖北省、湖南省、广东省、四川省的企业家性别差异较大；差异最大的是广东省。其中在女性企业家

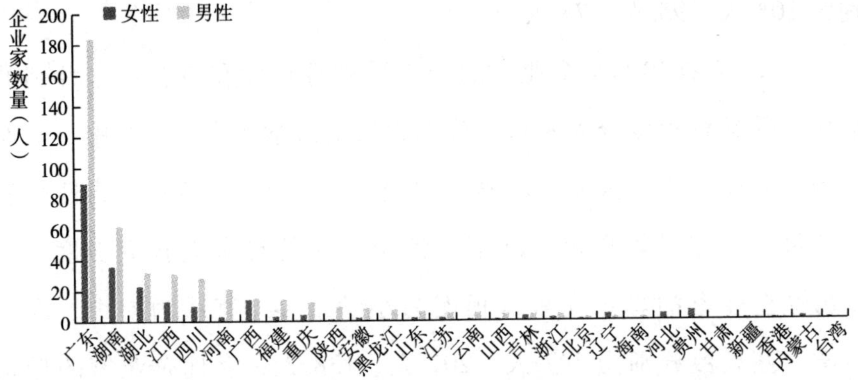

图 1－7　不同籍贯（全国范围）企业家性别分布特征

中，籍贯为广东省的最多，其次为湖南省、湖北省，其数量依次为 90 人、36 人、23 人。在男性企业家中，籍贯为广东省的最多，其次为湖南省、湖北省，其人数分别为 184 人、62 人、32 人。

图 1－8 描述的是省内不同地区的企业家籍贯与性别分布情况。籍贯分为 18 组，分别为省内 18 个地区；企业家性别分为两组，分别是男性和女性。图 1－8 显示，省内男性企业家人数整体仍多于女性企业家人数。差异最大的是梅州市和揭阳市。其中，男性企业家的籍贯为揭阳市的最多，其次是梅州市、湛江市，其数量分别

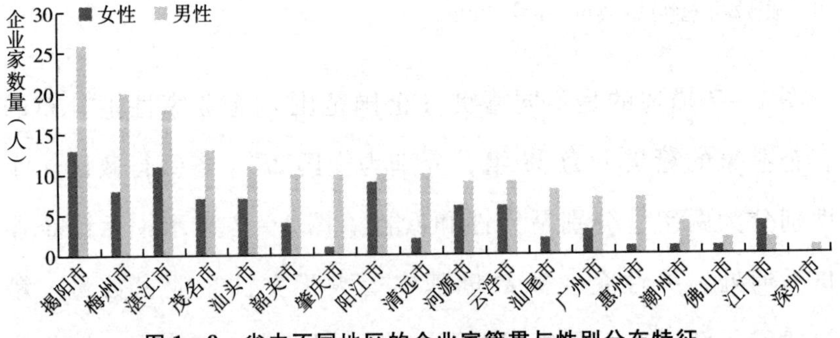

图 1－8　省内不同地区的企业家籍贯与性别分布特征

注：因调查系统设定以及操作等原因，本书涉及企业家省内籍贯问题的，均只有 18 个地级市，缺失东莞市、中山市、珠海市的信息。

为26人、20人、18人；女性企业家中籍贯为揭阳市的最多，其次为湛江市、阳江市，其数量分别是13人、11人、9人。

1.1.2　年龄差异

图1-9描述的是企业家的企业初创时所属行业和年龄的分布情况。企业所属行业分为15组，分别为农林牧渔业，制造业，电力、热力、燃气及水生产和供应业，房屋建筑、土木工程建筑、建筑安装、建筑装饰和装修业，批发零售业，交通运输、仓储和邮政业，住宿和餐饮业，信息传输、软件和信息技术服务业，金融业，房地产业，租赁和商务服务业，科学研究和技术服务业，水利、环境和公共设施管理业，居民服务、修理和其他服务业，教育、卫生、社会工作、文化、体育和娱乐业。企业家年龄分为5组，分别是18~27岁、28~37岁、38~47岁、48~57岁、58~80岁。图1-9显示，28~37岁的企业家数量最多，企业初创时所属行业最多的为房屋建筑、土木工程建筑、建筑安装、建筑装饰和装修业，

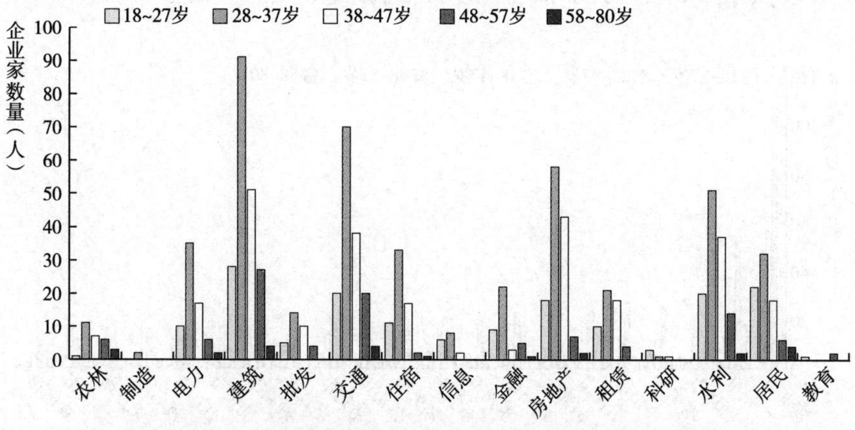

图1-9　企业初创时所属行业和企业家年龄分布特征

注：行业简称与全称信息参见附录1。

数量为 90 人；其次为 38～47 岁的企业家，企业初创时所属行业最多的为房屋建筑、土木工程建筑、建筑安装、建筑装饰和装修业，其数量为 51 人；再次为年龄在 18～27 岁的企业家，企业初创时所属行业最多的为房屋建筑、土木工程建筑、建筑安装、建筑装饰和装修业，其数量为 28 人。

图 1－10 描述的是企业家的企业所在城市和企业家年龄的分布情况。企业所在城市共分为 21 组，分别为广东省 21 个地级市。企业家年龄分为 5 组，分别是 18～27 岁、28～37 岁、38～47 岁、48～57 岁、58～80 岁。如图 1－10 所示，28～37 岁的企业家数量最多，且分布最多的城市是深圳市，为 104 人，其次为广州市、汕尾市，其企业家数量分别为 54 人、27 人。年龄段在 38～47 岁的企业家分布最多的也是深圳市，共 54 人，其次为广州市、云浮市和江门市，分别为 37 人、21 人、20 人。年龄段在 18～27 岁的企业家，其企业处于深圳市的最多，为 32 人，其后分布较多的城市依次为广州市（18 人）、梅州市（15 人）、潮州市（12 人）。

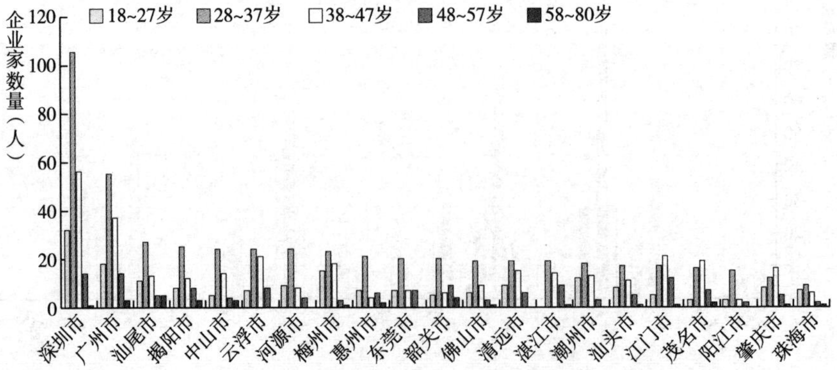

图 1－10　样本企业所在城市和企业家年龄分布特征

图1－11描述的是企业家年龄和学历[①]的分布情况。受教育程度分为8组，分别为没上过学、小学、初中、普通高中、职业高中、大专、本科、研究生。企业家年龄分为5组，分别是18～27岁、28～37岁、38～47岁、48～57岁、58～80岁。图1－11显示，年龄段在28～37岁的企业家最多，其学历为本科的最多，其次是大专、初中，其数量分别为133人、131人、106人。年龄段在38～47岁的企业家，其学历为初中的最多，其次是大专、普通高中，其数量依次为71人、69人、67人。年龄段在18～27岁的企业家，其学历最多的为大专，其次为本科、普通高中，其数量依次为59人、46人、28人。

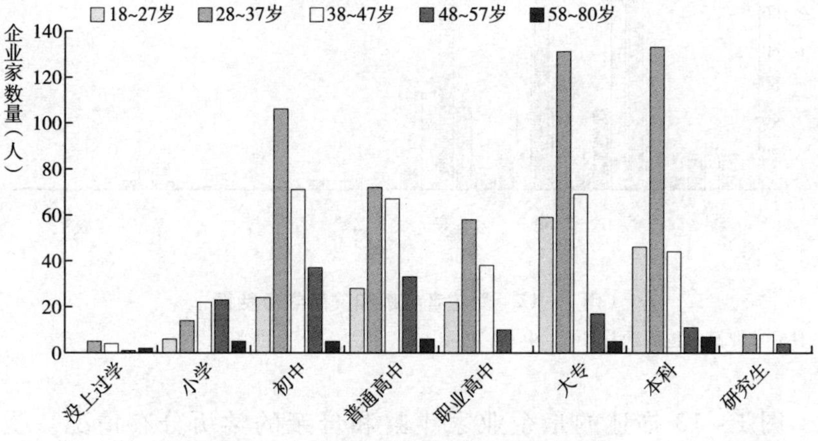

图1－11 企业家年龄和学历的分布特征

注：职业高中包括成人高中、中专、技校。

图1－12描述的是受访者年龄和父亲学历情况。受教育程度分为8组，分别为没上过学、小学、初中、普通高中、职业高中、大专、本科、研究生。企业家年龄分为5组，分别是18～27岁、28～

① 为便于论述，本书不对“学历”与“受教育程度”做刻意区分。

37 岁、38～47 岁、48～57 岁、58～80 岁。图 1－12 显示，年龄段在 28～37 岁的企业家最多，其父亲学历以初中最多，普通高中、小学其次，其数量分别为 154 人、140 人、130 人。年龄段在 38～47 岁的企业家，其父亲学历为小学最多，其次是初中、普通高中，其数量依次为 107 人、79 人、55 人。年龄段在 18～27 岁的企业家，其父亲学历最多的为初中，其次为小学、普通高中，其数量依次为 59 人、46 人、46 人。

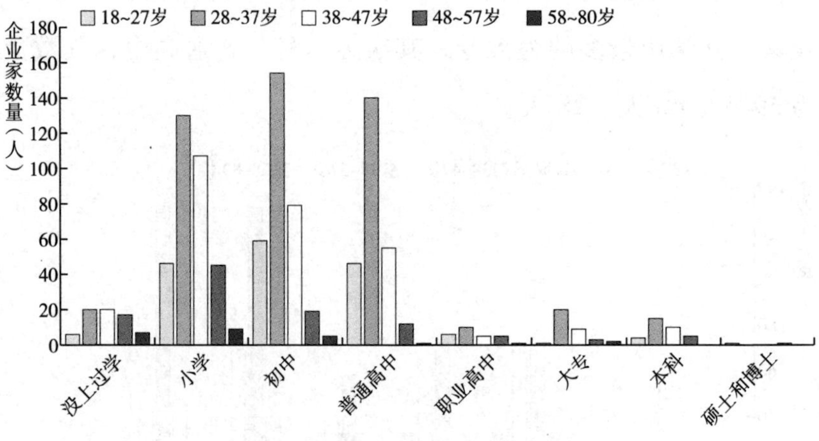

图 1－12　受访者年龄和父亲学历特征

注：职业高中包括成人高中、中专、技校。

图 1－13 描述的是企业家年龄和母亲的学历分布情况。受教育程度分为 8 组，分别为没上过学、小学、初中、普通高中、职业高中、大专、本科、研究生。企业家年龄分为 5 组，分别是 18～27 岁、28～37 岁、38～47 岁、48～57 岁、58～80 岁。图 1－13 显示，年龄段在 28～37 岁的企业家最多，其母亲学历为初中的最多，普通高中、小学其次，其数量分别为 154 人、140 人、130 人。年龄段在 38～47 岁的企业家，其母亲学历为小学的最多，

其次为初中、普通高中，其数量依次为 107 人、79 人、55 人。年龄段在 18 ~ 27 岁的企业家，其母亲学历最多的为初中，其次为小学、普通高中，其数量依次为 59 人、46 人、46 人。

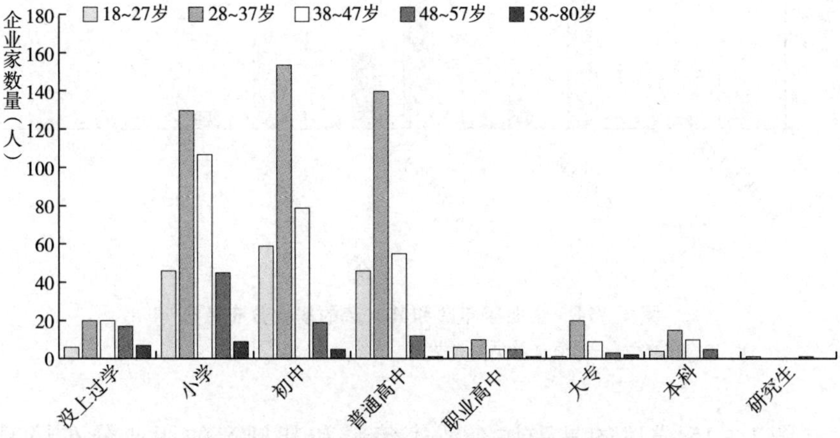

图 1－13　企业家年龄和母亲学历分布特征

注：职业高中包括成人高中、中专、技校。

图 1－14 描述的是不同年龄段受访企业家和其父亲的职业分布情况。职业分为五类：国家机关人员、企业负责人、技术及服务人员、农林及生产运输等人员、其他。企业家年龄分为 5 组，分别是 18 ~ 27岁、28 ~ 37 岁、38 ~ 47 岁、48 ~ 57 岁、58 ~ 80 岁。图 1－14 显示，从总体上看，年龄段在28 ~ 37 岁的企业家最多，其父亲是技术及服务人员的最多，其次是企业负责人、农林及生产运输等人员，其数量分别为 34 人、26 人、16 人。年龄段在 38 ~ 47 岁的企业家，其父亲是技术及服务人员的最多，其次是农林及生产运输等人员、国家机关人员，其数量依次为 24 人、13 人、10 人。年龄段在 18 ~ 27 岁的企业家，其父亲是技术及服务人员的最多，其次为企业负责人、农林及生产运输等人员，其数量依次为 12 人、

10 人、3 人。

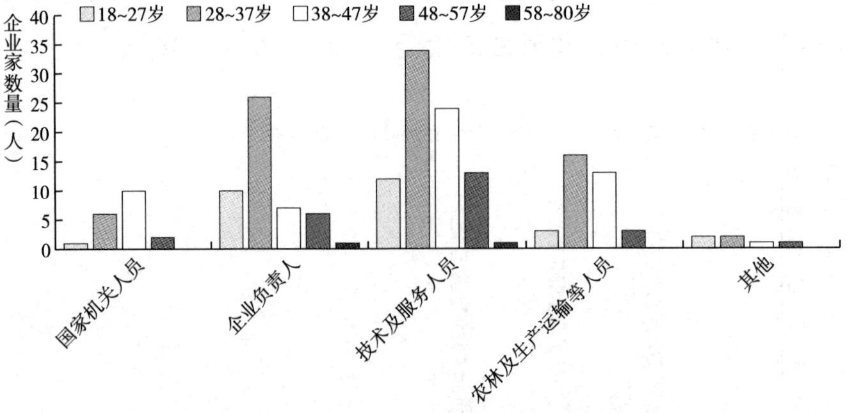

图 1－14　企业家年龄和其父亲的职业分布特征

注：职业简称与全称信息参见附录 2。

图 1－15 描述的是受访企业家年龄和其母亲的职业分布情况。职业分布分为五类：国家机关人员、企业负责人、技术及服务人员、农林及生产运输等人员、其他。企业家年龄分为 5 组，分别是 18～27 岁、28～37 岁、38～47 岁、48～57 岁、58～80 岁。图 1－15 显示，从总体上看，年龄段在 28～37 岁的企业家最多，其母亲是技术及服务人员的最多，其次为农林及生产运输等人员、企业负责人，其数量分别为 38 人、9 人、8 人。年龄段在 38～47 岁的企业家，其母亲是技术及服务人员的最多，其次为农林及生产运输等人员、企业负责人，其数量依次为 24 人、11 人、3 人。年龄段在 18～27 岁的企业家，其母亲职业最多的为技术及服务人员，其次为企业负责人、农林及生产运输等人员，其数量依次为 9 人、6 人、5 人。

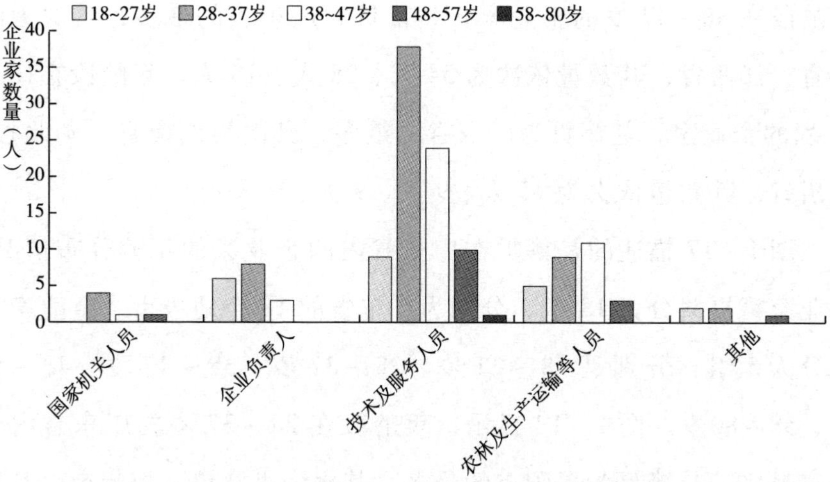

图 1－15　企业家年龄和其母亲的职业分布特征

注：职业简称与全称信息参见附录 2。

图 1－16 描述的是企业家年龄和籍贯（全国范围）的分布情况。籍贯分为 28 组，分别为全国 28 个省级行政区。企业家年龄分为 5 组，分别是 18～27 岁、28～37 岁、38～47 岁、48～57 岁、58～80 岁。图 1－16 显示，年龄段在 28～37 岁的企业家最多，其籍贯为广东省的最多，其次为湖南省、湖北省，其数量分别为 115 人、47 人、27 人。

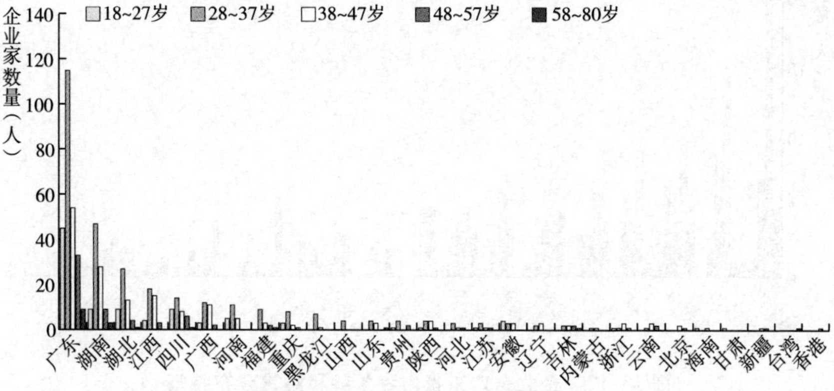

图 1－16　企业家年龄和籍贯（全国范围）分布特征

年龄段在38～47岁的企业家，其籍贯为广东省的最多，其次为湖南省、江西省，其数量依次为54人、28人、15人。年龄段在18～27岁的企业家，其籍贯为广东省的最多，其次为湖南省、湖北省、四川省，其数量依次为45人、9人、9人、9人。

图1－17描述的是籍贯在广东省内的企业家的年龄分布情况。企业家籍贯共分为18组，分别为广东省的18个地级市。企业家年龄分为5组，分别是18～27岁、28～37岁、38～47岁、48～57岁、58～80岁。图1－17显示，年龄段在28～37岁的广东省内企业家最多，其籍贯为揭阳市的最多，其次为湛江市、梅州市，其数量分别为21人、15人、10人。年龄段在38～47岁的广东省内企业家居第二，其籍贯为湛江市的最多，其次为揭阳市、河源市，其数量依次为8人、7人、6人。年龄段在18～27岁的广东省的企业家居第三，其籍贯最多的是揭阳市、茂名市、梅州市、汕尾市，其数量均为5人。

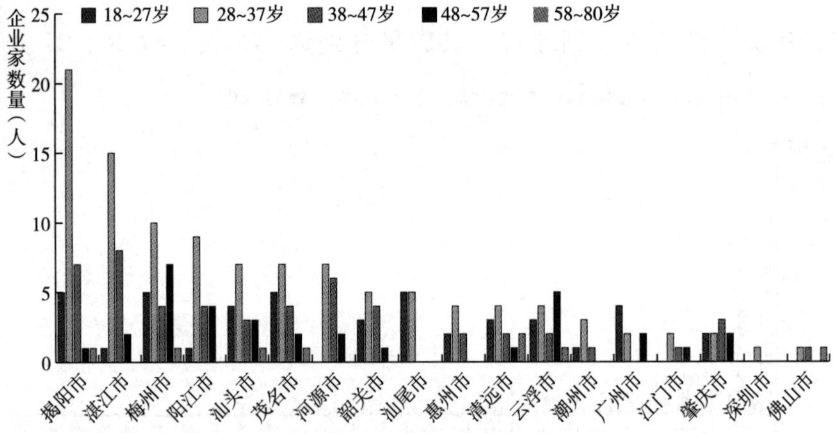

图1－17　企业家广东省内者年龄和籍贯分布特征

图1－18描述的是企业家年龄和子女个数分布情况。子女个数分为7组，分别为1个、2个、3个、4个、5个、6个、7个。企业家年龄分为5组，分别是18～27岁、28～37岁、38～47岁、48～57岁、58～80岁。图1－18显示，年龄段在28～37岁的企业家最多，其子女个数为2个的最多，其次是子女个数为1个、3个的；其数量分别是173人、163人、42人。年龄段在38～47岁的企业家居第二，其子女个数为2个的最多，其次是子女个数为1个、3个的；其数量分别为149人、84人、41人。年龄段在48～57岁的企业家居第三，子女个数最多的为2个，其次是子女个数为1个和3个的；其数量依次为50人、39人、24人。

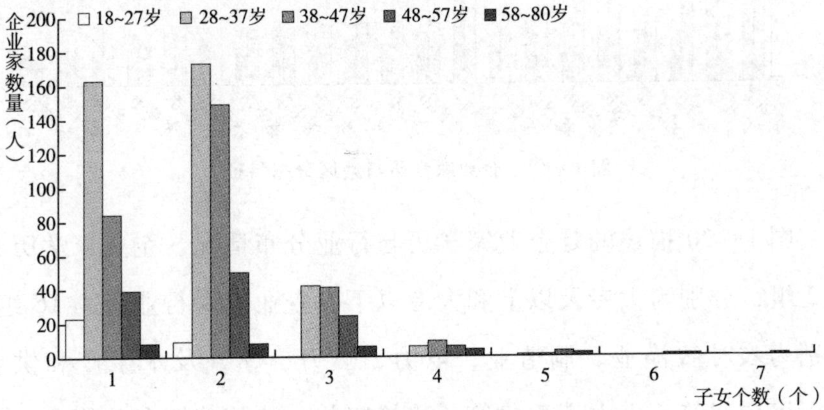

图1－18　企业家年龄和子女个数分布特征

1.1.3　教育差异

图1－19描述的是企业家学历与地区分布特征。企业家学历分为2组，分别为大专及以上和大专以下。企业家企业所在地共分为21组，分别为广东省21个地级市。图1－19显示，企业家学历大

专以下者与学历大专及以上者差异不是很大。差异最大的是云浮市，差异最小的是阳江市。学历在大专及以上的企业家，其企业分布在深圳市的最多，其中大专及以上学历的企业家为114人，大专以下学历的企业家为115人。其次是广州市，其中大专及以上学历的为75人，大专以下学历的为69人。而分布在云浮市的企业家，大专及以上学历的为21人，大专以下学历的为47人。

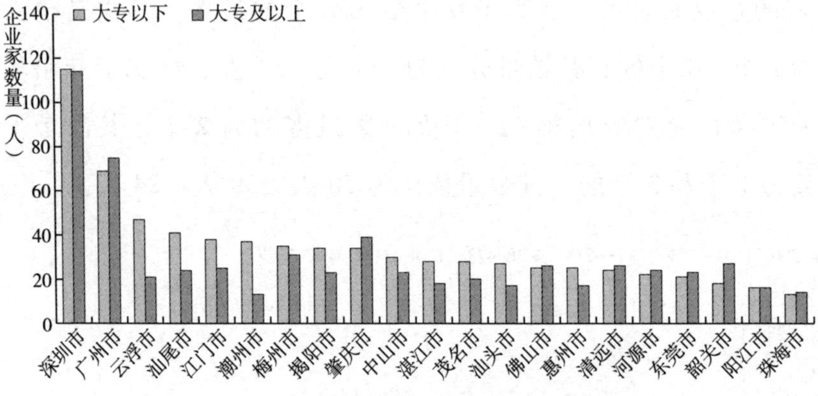

图1－19　企业家学历与地区分布特征

图1－20描述的是企业家学历与行业分布情况。企业家学历分为2组，分别为大专及以上和大专以下；企业所属行业分为16组，分别为农林牧渔业，制造业，电力、热力、燃气及水生产和供应业，房屋建筑、土木工程建筑、建筑安装、建筑装饰和装修业，批发零售业，交通运输、仓储和邮政业，住宿和餐饮业，信息传输、软件和信息技术服务业，金融业，房地产业，租赁和商务服务业，科学研究和技术服务业，水利、环境和公共设施管理业，居民服务、修理和其他服务业，教育、卫生、社会工作、文化、体育和娱乐业，公共管理、社会保障、社会组织或国际组织。图1－20显示，学历在大专以下的企业家稍微偏多，学历为大专以下的企业

家中，其行业分布在制造业的最多，其次是批发零售业、住宿和餐饮业，其数量分别是 145 人、138 人、115 人；学历在大专及以上的企业家中，其多分布在租赁和商务服务业，其次是批发零售业、制造业，其数量分别为 95 人、88 人、74 人。

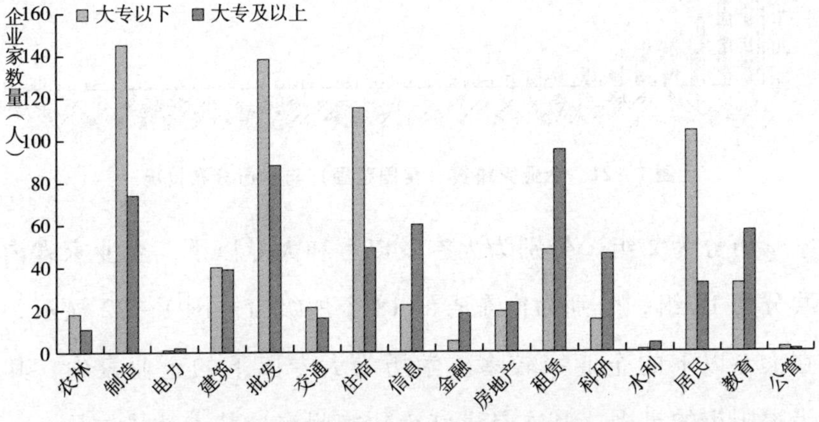

图 1－20　企业家学历与行业分布特征

注：行业简称与全称信息请参见附录 1。

图 1－21 描述的是企业家籍贯（全国范围）与学历分布情况。企业家学历分为 2 组，分别为大专及以上和大专以下，籍贯分为 28 组，分别为全国 28 个省级行政区。图 1－21 显示，两种学历人数整体差异不大，在学历为大专及以上的企业家中，其籍贯为广东省的最多，其次是湖南省、江西省，其人数依次是 115 人、54 人、20 人；学历在大专以下的企业家中，其籍贯为广东省的最多，其次是湖南省和湖北省，其人数依次是 159 人、44 人、36 人。除广东本省的企业家外，在粤的企业家中，来自湖南的高学历创业者居多。

图 1－22 描述的是企业家籍贯（省内）与学历分布情况。企

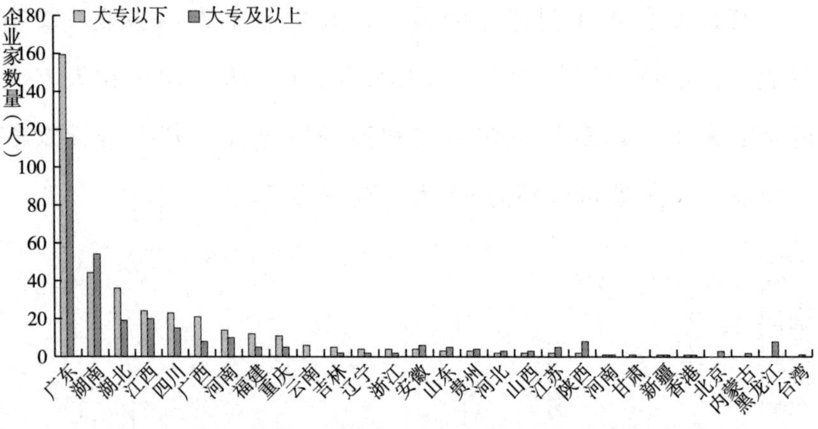

图 1－21　企业家籍贯（全国范围）与学历分布情况

业家学历分为 2 组，分别为大专及以上和大专以下，企业家省内籍贯共分为 18 组，分别为广东省的 18 个地级市。图 1－22 显示，学历在大专以下的企业家较多。学历为大专以下的企业家中，其籍贯为揭阳市的最多，其次是湛江市、梅州市；其人数依次是 27 人、17 人、16 人。学历在大专及以上的企业家中，其籍贯为湛江市、梅州市和揭阳市的最多，其人数均为 12 人。

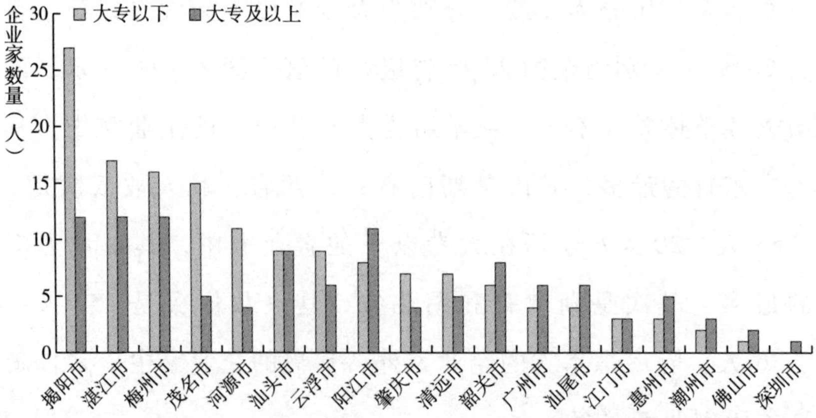

图 1－22　企业家籍贯（省内）与学历分布情况

图 1－23 描述的是企业家所学专业分布情况，所学专业分为 10 组，分别是土建大类、资源开发与测绘大类、财经大类、医药卫生大类、交通运输大类、水利大类、生化与药品大类、艺术设计传媒大类、制造大类、旅游大类；图 1－23 显示，专业属于旅游大类的企业家人数最多，其次为土建大类；人数较少的是制造大类和艺术设计传媒大类，其数据分别为 71 人、69 人；1 人、2 人。

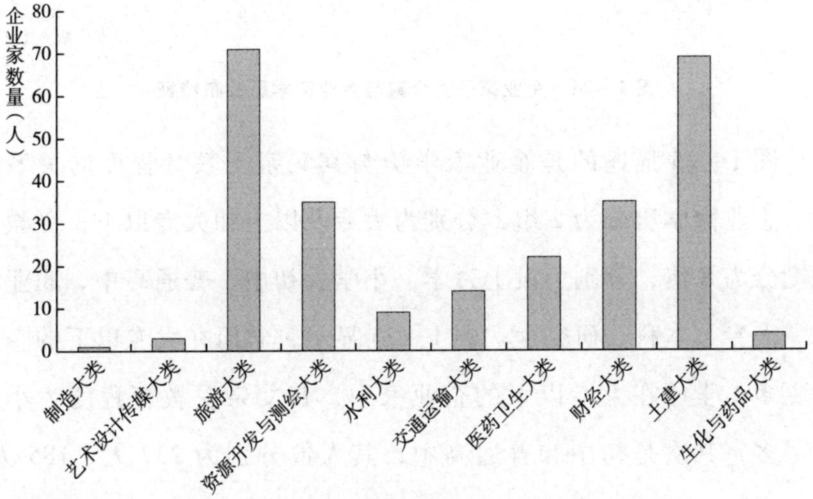

图 1－23　企业家所学专业分布特征

图 1－24 描述的是企业家子女个数与企业家学历之间的关系，企业家学历分为 2 组，分别为大专及以上和大专以下；子女个数分为 8 组，分别为 1 个、2 个、3 个、4 个、5 个、6 个、7 个、8 个。图 1－24 显示，学历在大专以下的企业家更多，学历在大专以下的企业家中，其子女数为 2 个的最多，其次是 1 个、3 个；其人数分别为 260 人、149 人、100 人。学历为大专及以上的企业家中，拥有子女个数为 1 个的最多，其次为 2 个、3 个；其人数依次是 181 人、148 人、16 人。

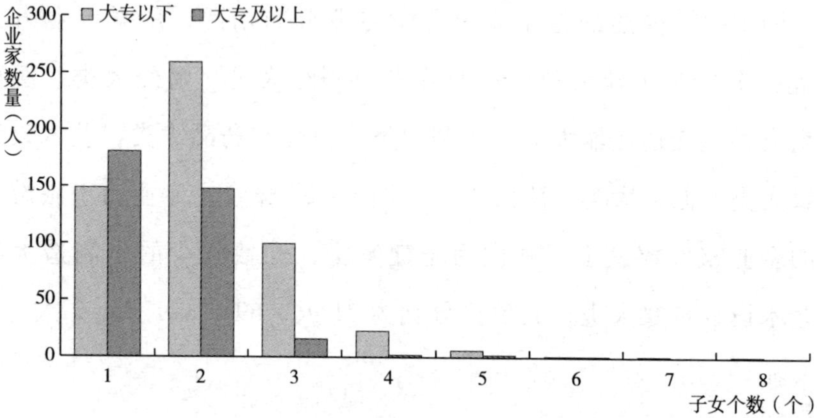

图 1－24　企业家子女个数与企业家学历分布特征

图 1－25 描述的是企业家学历与其父亲受教育程度的关系情况。企业家学历分为 2 组，分别为大专及以上和大专以下；受教育程度分为 8 组，分别为没上过学、小学、初中、普通高中、职业高中、大专、本科、研究生。图 1－25 显示，学历在大专以下的企业家更多，学历在大专以下的企业家中，其父亲受教育程度为小学的最多，其次是初中和普通高中；其人数分别为 237 人、185 人、98 人。学历为大专及以上的企业家中，其父亲受教育程度为普通高

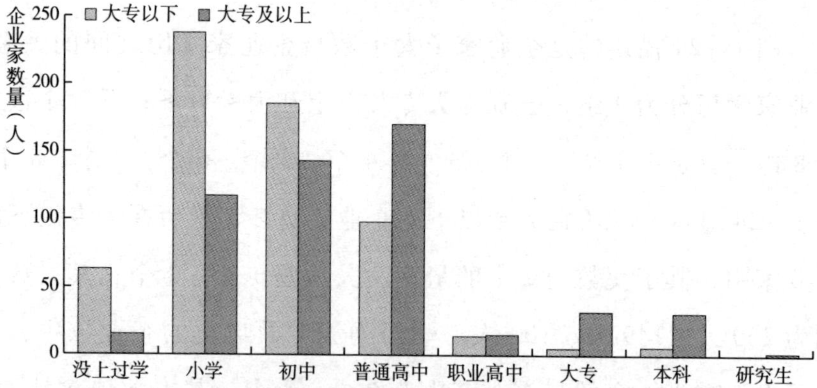

图 1－25　企业家学历与其父亲受教育程度分布特征

注：职业高中包括成人高中、中专、技校。

中的最多，其次为初中和小学；其人数依次是 170 人、143 人、117 人。图 1－26 描述的是企业家学历与其母亲受教育程度的情况。企业家学历分为 2 组，分别为大专及以上和大专以下；受教育程度分为 8 组，分别为没上过学、小学、初中、普通高中、职业高中、大专、本科、研究生。如图 1－26 所示，学历在大专以下的企业家更多。学历在大专以下的企业家中，其母亲教育程度为小学的最多，有 304 人，其次是初中（137 人）和没上过学（125 人）。学历为大专及以上的企业家中，其母亲受教育程度为小学的最多（161 人），其次为初中（152 人）和普通高中（91 人）。

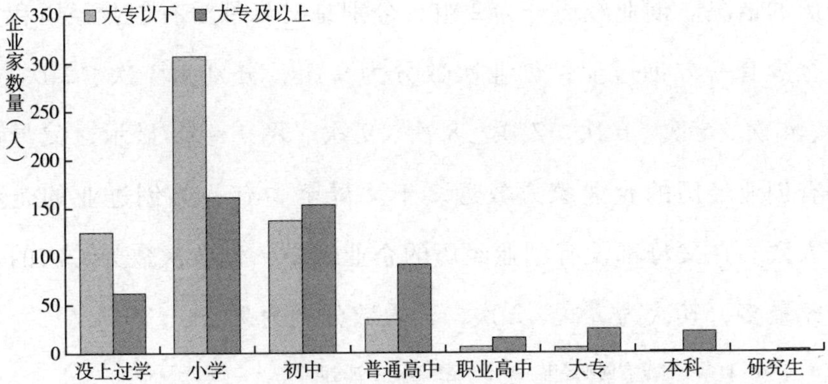

图 1－26　企业家学历与其母亲受教育程度分布特征

注：职业高中包括成人高中、中专、技校。

1.1.4　家庭背景

图 1－27 描述的是广东省企业家父母是否有创业经历的情况。如图 1－27 所示，父母都没有创业经历的企业家为 746 人，父母至少有一方有创业经历的企业家为 105 人，父母双方都有创业经历的企业家为 40 人。

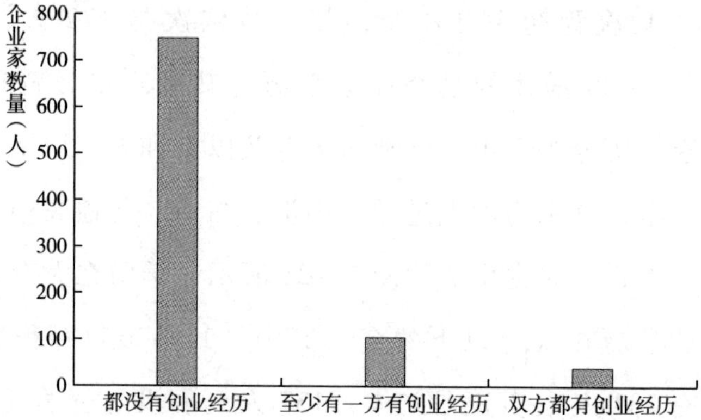

图 1－27　企业家父母是否具有创业经历的分布特征

图 1－28 描述的是广东省企业家创业次数与父母是否具有创业经历的情况。创业经历分为 2 组，分别是父母都没有创业经历和父母至少有一方创过业；创业次数分为 9 组，分别为 1 次、2 次、3 次、4 次、5 次、6 次、7 次、8 次、9 次。图 1－28 显示，父母都没有创业经历的企业家人数远多于父母至少有一方创过业的企业家人数。在父母都没有创业经历的企业家中，创业次数为 1 次的企业家最多，其次为 2 次、3 次，其人数分别为 77 人、39 人、

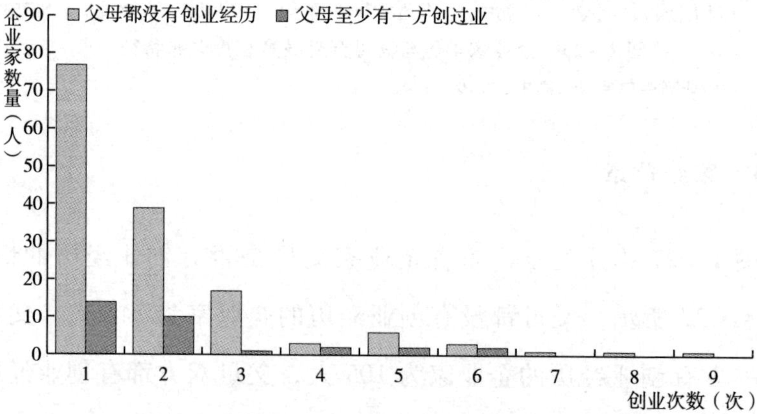

图 1－28　企业家创业次数与父母是否具有创业经历分布情况

17人。在父母至少有一方创过业的企业家中，创业次数为1次的最多，其次为2次和4次、5次、6次（这三个次数并列），其人数分别为14人、10人、2人、2人、2人。

图1－29描述的是广东省企业家子女个数与企业家父母是否具有创业经历的情况。创业经历分为2组，分别是父母都没有创业经历和父母至少有一方创过业；子女个数分为7组，分别为1个、2个、3个、4个、5个、6个、7个。图1－29显示，无论子女个数有多少，父母至少有一方创过业的企业家数量总大于父母都没有创业经历的企业家数量；在这两种企业家中，多数拥有2个子女，其次是1个和3个，其人数分别是356人、293人、88人，52人、37人、28人。

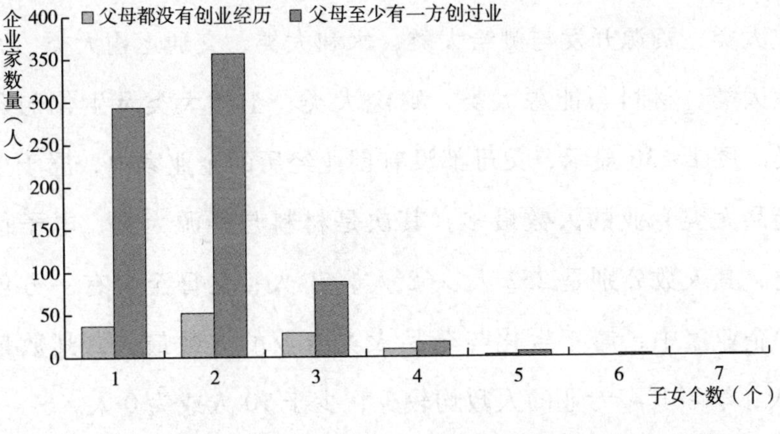

图1－29　企业家子女个数与企业家父母是否有创业经历的分布特征

图1－30描述的是广东省父母有无创业经历与企业家所学专业分布情况。创业经历分为2组，分别是父母都没有创业经历和父母至少有一方创过业；所学专业分类为制造大类，艺术设计传媒大类，文化教育大类，旅游大类，电子信息大类，轻纺食品大类，公

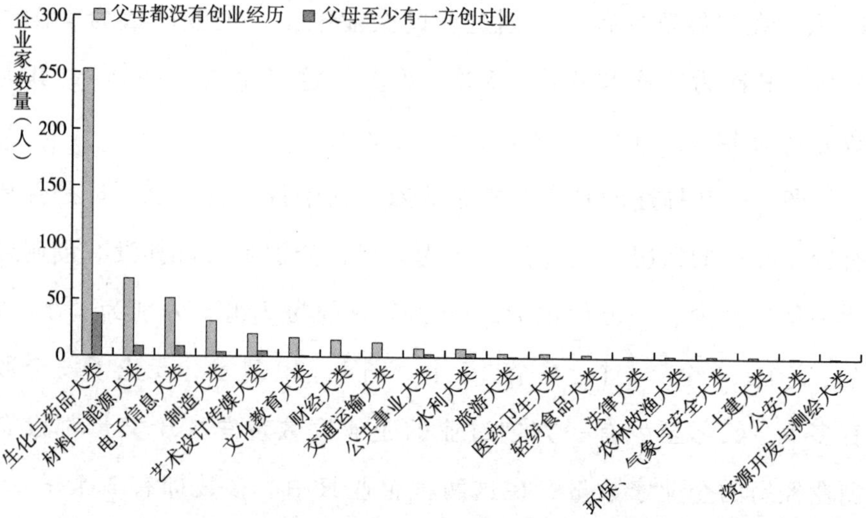

图 1－30　企业家所学专业与父母是否有创业经历的分布特征

安大类，法律大类，农林牧渔大类，环保、气象与安全大类，公共事业大类，资源开发与测绘大类，水利大类，交通运输大类，医药卫生大类，材料与能源大类，财经大类，土建大类及生化与药品大类。图 1－30 显示，父母都没有创业经历的企业家中，属于生化与药品大类专业的人数最多，其次是材料与能源大类、电子信息大类，其人数分别是 252 人、68 人、51 人；父母至少有一方创过业的企业家中，属于生化与药品大类专业的人数最多，其数量为 37 人，学习其余专业的人数均较少，少于 10 人或为 0 人。

图 1－31 描述的是企业家父母是否有创业经历和企业家的籍贯（全国范围）的分布情况。创业经历分为 2 组，分别是父母都没有创业经历和父母至少有一方创过业。籍贯分为 27 组，分别为 27 个省级行政区。图 1－31 显示，父母都没有创业经历的企业家数量远大于父母至少有一方创过业的企业家数量。父母都没有创业经历

的企业家中，籍贯是广东省的最多，其次分布在湖南省、湖北省；其数量分别是 174 人、74 人、36 人。父母至少有一方创过业的企业家中，籍贯是广东省的最多，其次分布在湖北省；其人数分别是 28 人、8 人，分布在其他省的企业家数量均较少。

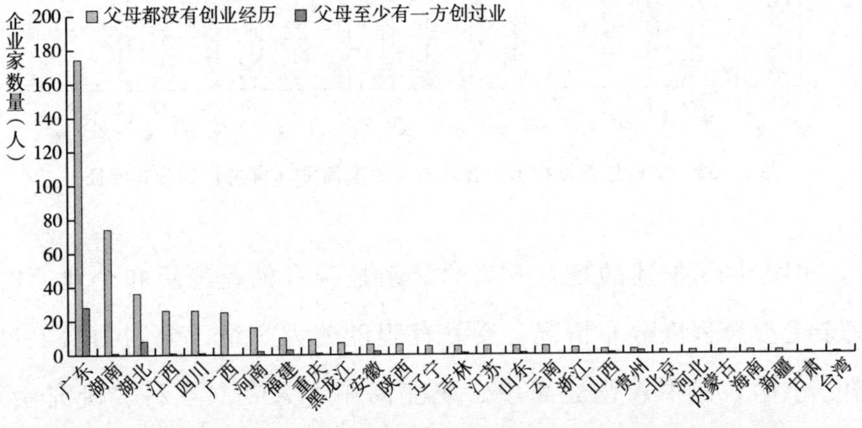

图 1－31　父母是否具有创业经历与企业家籍贯（全国范围）的分布特征

图 1－32 描述的是企业家父母是否有创业经历和企业家的籍贯（省内）分布情况。创业经历分为 2 组，分别是父母都没有创业经历和父母至少有一方创过业。企业家省内籍贯共分为 18 组，分别为广东省的 18 个地级市。图 1－32 显示，父母都没有创业经历的企业家数量远大于父母至少有一方创过业的企业家数量。父母都没有创业经历的企业家中，省内籍贯是揭阳市的最多，其次分布在湛江市、梅州市、阳江市，其人数为 22 人、18 人、17 人、17 人；父母至少有一方创过业的企业家中，省内籍贯是揭阳市的最多，其次分布在梅州市、汕头市，分别是 8 人、4 人、3 人，分布在其他市的企业家数量较少。

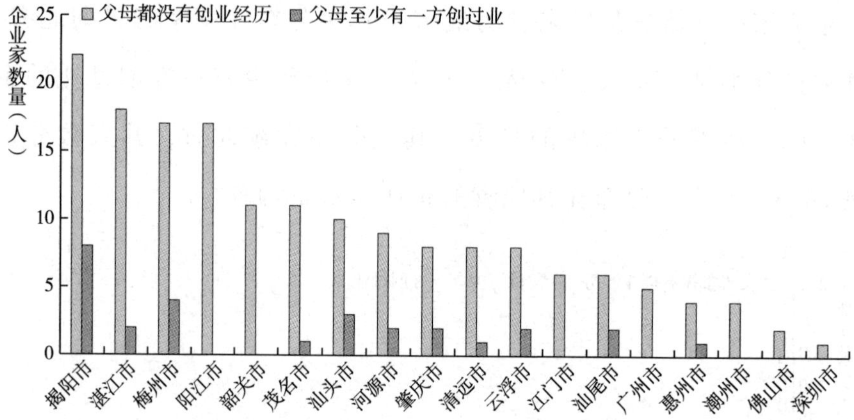

图 1－32 父母是否具有创业经历与企业家籍贯（省内）的分布特征

图 1－33 描述的是企业家的父亲是否有创业经历和企业家的父亲受教育程度分布情况。受教育程度分为 8 组，分别为没上过学、小学、初中、普通高中、职业高中、大专、本科、研究生。企业家的父亲是否创过业分为 2 组，分别是创过业和没有创过业。图 1－33 显示，父亲没有创过业的企业家人数远大于父亲创过业

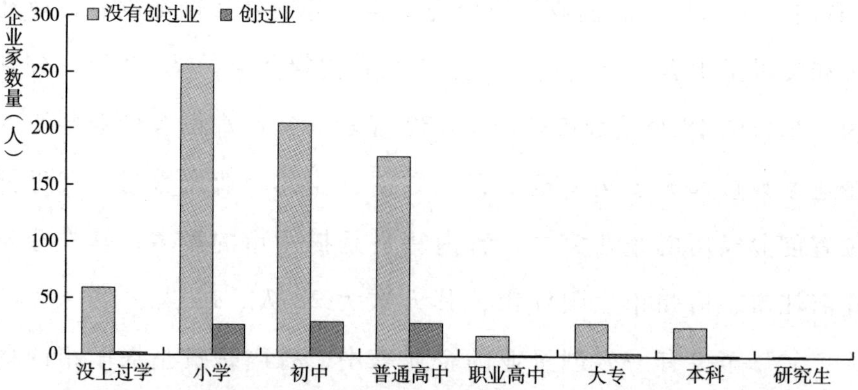

图 1－33 企业家的父亲是否创过业与企业家的父亲受教育程度的分布特征

注：职业高中包括成人高中、中专、技校。

的企业家人数。父亲没有创过业的企业家中，父亲的受教育程度分布在小学的较多，其次是初中和普通高中，其人数分别是 257 人、205 人、176 人；父亲创过业的企业家中，父亲的受教育程度分布在初中的最多，其次为普通高中和小学，其人数分别为 30 人、29 人、27 人。

图 1－34 描述的是企业家的父亲是否创过业和企业家的母亲的受教育程度的关系。受教育程度分为 8 组，分别为没上过学、小学、初中、普通高中、职业高中、大专、本科、研究生。企业家的父亲是否创过业分为 2 组，分别是创过业和没有创过业。图 1－34 显示，父亲没有创过业的企业家人数远大于父亲创过业的企业家人数；父亲没有创过业的企业家中，其母亲受教育程度为小学的较多，其次是初中、没上过学，其人数依次为 349 人、199 人、142 人；父亲创过业的企业家中，其母亲受教育程度为初中的最多，其次是小学，其人数分别为 17 人、15 人；其余均较少或为 0。

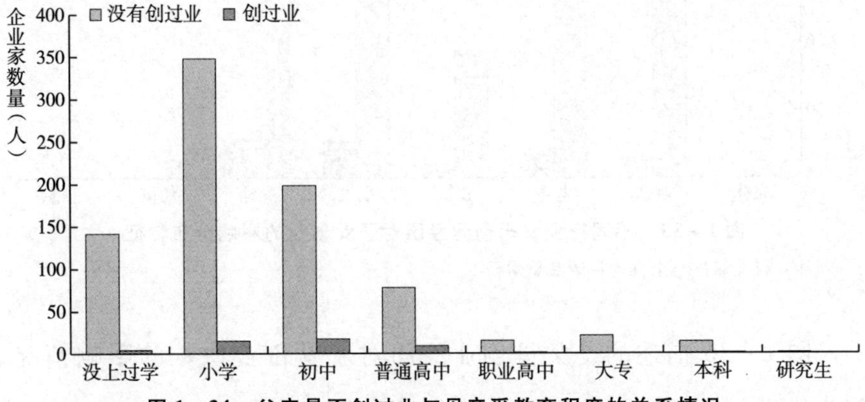

图 1－34　父亲是否创过业与母亲受教育程度的关系情况

注：职业高中包括成人高中、中专、技校。

图1－35描述的是不同行业父母创业经历对子女创业的影响情况。创业经历分为2组，分别是父母都没有创业经历和父母至少有一方创过业。企业所属行业分为8组，分别为农林牧渔业；制造业；电力、热力、燃气及水生产和供应业；房屋建筑、土木工程建筑、建筑安装、建筑装饰和装修业；批发零售业；交通运输、仓储和邮政业；住宿和餐饮业；信息传输、软件和信息技术服务业。图1－35显示，父母无创业经历的制造业企业家较多，其次为批发零售业，电力、热力、燃气及水生产和供应业，其人数分别是192人、178人、153人。父母至少有一方创过业的企业家中，其创业行业分布最多的为交通运输、仓储和邮政业，其次为批发零售业，电力、热力、燃气及水生产和供应业，其人数分别是29人、28人、21人。

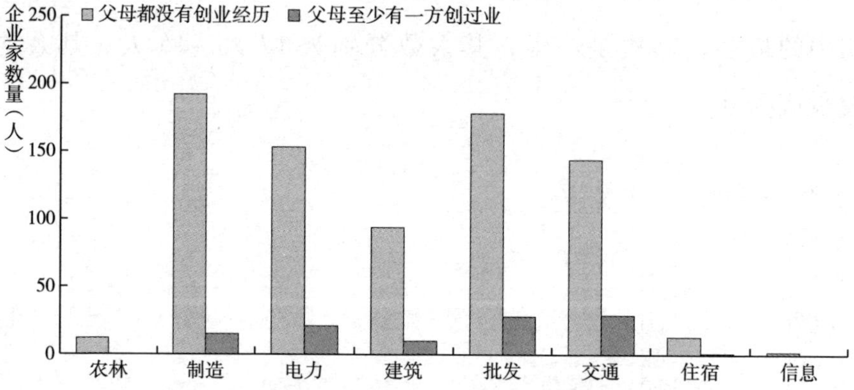

图1－35　不同行业父母创业经历对子女创业的影响分布特征

注：行业简称与全称信息请参见附录1。

图1－36描述的是父母创业经历对子女创业次数的影响情况。创业经历分为2组，分别是父母都没有创业经历和父母至少有一方

创过业；子女创业次数分为11组，分别为0次、1次、2次、3次、4次、5次、6次、7次、9次、11次、13次。图1－36显示，父母都没有创业经历的企业家更多。在父母都没有创业经历的企业家中，其创业次数为0的最多①，其次是1次、2次，其人数分别为495人、258人、55人；在父母至少有一方创过业的企业家中，其创业次数为0的最多，其次是1次、2次。其人数为50人、41人、8人。

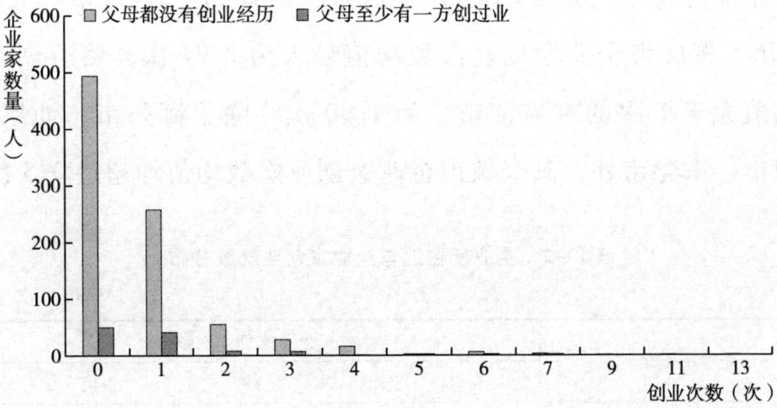

图1－36　父母创业经历对子女创业次数的影响情况

1.2　民营企业家的创业经历

1.2.1　企业家的创业次数

表1－1描述的是企业家创业次数与企业家性别关系。表1－1显示，男性企业家平均创业次数要大于女性企业家，差值为0.28次。

① 创业次数为0次是指该企业家除目前被调查企业外的创业情况为0次。

表 1－1 企业家创业次数与企业家性别情况

单位：次

企业家创业次数	企业家性别	
	男	女
均值	0.79	0.51
中值	0	1

表 1－2 描述的是企业所在地与企业家创业次数分布情况，企业家企业所在地共分为 21 组，分别为广东省 21 个地级市。表 1－2 显示，肇庆市企业家创业次数均值最大为 2.21 次，然后创业次数均值大于 1 次的有湛江市，为 1.90 次，除了潮州市、汕尾市、揭阳市、东莞市外，其余城市企业家创业次数均值均超过 0.5 次。

表 1－2 企业所在地与企业家创业次数分布

单位：次

企业所在地	企业家创业次数	
	均值	中值
东莞市	0.33	0
中山市	0.93	0
云浮市	0.62	0
佛山市	0.56	0
广州市	0.72	0
惠州市	0.63	0
揭阳市	0.38	0
梅州市	0.67	0
汕头市	0.60	0
汕尾市	0.41	0
江门市	0.58	0
河源市	0.83	0

续表

企业所在地	企业家创业次数	
	均值	中值
深圳市	0.72	0
清远市	0.91	0
湛江市	1.90	1
潮州市	0.34	0
珠海市	0.84	0
肇庆市	2.21	1
茂名市	0.83	0
阳江市	0.83	1
韶关市	0.85	0

注：企业家的创业次数为除了调查企业以外，还创办过其他企业的数目，下同。

表1－3描述的是企业家创业次数与行业分布，企业所属行业分为16组，分别为农林牧渔业；制造业；电力、热力、燃气及水生产和供应业；房屋建筑、土木工程建筑、建筑安装、建筑装饰和装修业；批发零售业；交通运输、仓储和邮政业；住宿和餐饮业；信息传输、软件和信息技术服务业；金融业；房地产业；租赁和商务服务业；科学研究和技术服务业；水利、环境和公共设施管理业；居民服务、修理和其他服务业；教育、卫生、社会工作、文化、体育和娱乐业；公共管理、社会保障、社会组织或国际组织。表1－3中，企业家创业次数均值大于1次的行业从大到小排列前几位的分别是信息传输、软件和信息技术服务业及金融业（两个行业并列）；房地产业；均值依次为1.13次、1.13次、1.03次，小于0.5次的有交通运输、仓储和邮政业；制造业；公共管理、社会保障、社会组织或国际组织（为0次）。

表 1－3　企业家创业次数与行业分布

单位：次

行业	企业家创业次数	
	均值	中值
农林	0.65	0
制造	0.46	0
电力	1.00	1
建筑	0.85	0
批发	0.53	0
交通	0.47	0
住宿	0.99	0
信息	1.13	0
金融	1.13	0
房地产	1.03	0
租赁	0.94	0
科研	0.65	0
水利	0.50	0
居民	0.52	1
教育	0.77	0
公管	0.00	0

注：行业简称与全称信息请参见附录 1。

表 1－4 描述的是企业家创业次数与子女个数的关系。企业家创业次数分为 10 组，分别是 0 次、1 次、2 次、3 次、4 次、5 次、6 次、7 次、9 次、13 次。表 1－4 显示，子女个数大多在 2 个左右，中值以 2 个最多，企业家创业次数为 5 次和 7 次时，其子女个数均值较大，分别为 6.80 个和 6.00 个，其子女个数中值分别为 2 个和 1 个。

表1-4　企业家创业次数与子女个数

单位：次，个

创业次数	子女个数	
	均值	中值
0	1.89	2
1	1.90	2
2	1.75	2
3	1.85	2
4	1.64	1.5
5	6.80	2
6	1.50	1.5
7	6.00	1
9	3.00	3
13	1.00	1

表1-5描述的是企业家创业次数与儿子个数的关系，企业家创业次数分为10组，分别是0次、1次、2次、3次、4次、5次、6次、7次、9次、13次。表1-5显示，创业次数多的企业家儿子个数一般较少，创业次数为0次的企业家中，拥有儿子个数是最多的。创业次数最多的（13次）企业家的儿子个数为0个。

表1-5　企业家创业次数与儿子个数

单位：次，个

创业次数	儿子个数				
	0	1	2	3	4
0	99	221	79	12	2
1	56	127	40	7	0
2	9	25	10	0	0
3	5	14	7	0	0
4	4	9	1	0	0

续表

创业次数	儿子个数				
	0	1	2	3	4
5	0	2	1	0	0
6	2	2	0	0	0
7	2	1	0	0	0
9	0	0	1	0	0
13	0	0	0	0	0

表 1－6 描述的是企业家创业次数与其父亲学历的关系，学历分为 8 组，分别为没上过学、小学、初中、普通高中、职业高中、大专、本科、研究生。表 1－6 显示，无论企业家创业次数有多少，其父亲学历较多为小学，其次为初中，而后为普通高中。父亲学历为大学本科的较少，为研究生的极少，且企业家的父亲学历越高，其创业次数相对越少。

表 1－6　企业家创业次数与其父亲学历

单位：次，人

创业次数	企业家的父亲受教育程度							
	没上过学	小学	初中	普通高中	职业高中	大专	本科	研究生
0	42	163	141	109	13	20	8	0
1	14	101	77	59	7	7	13	1
2	2	15	9	17	1	5	3	0
3	5	6	7	13	0	1	2	0
4	2	5	4	5	0	0	1	0
5	0	1	1	2	0	0	0	0
6	1	1	2	1	0	1	1	0
7	0	1	1	1	0	0	0	0
9	0	0	0	1	0	0	0	0
11	0	0	0	1	0	0	0	0
13	0	0	1	0	0	0	0	0

注：职业高中包括成人高中、中专、技校。

表 1－7 描述的是企业家创业次数与其母亲学历的关系，学历分为 8 组，分别为没上过学、小学、初中、普通高中、职业高中、大专、本科、研究生。表1－7 显示，无论企业家创业次数有多少，大致趋势是其母亲学历多为小学，其次为初中，再次为没上过学。

表 1－7　企业家创业次数与其母亲学历

单位：次，人

创业次数	企业家的母亲受教育程度							
	没上过学	小学	初中	普通高中	职业高中	大专	本科	研究生
0	97	219	121	40	8	12	6	0
1	34	123	68	36	4	8	6	1
2	7	20	15	6	3	2	1	0
3	8	8	8	6	1	0	1	0
4	4	4	3	2	2	0	1	0
5	2	0	1	1	0	0	0	0
6	1	2	2	0	1	1	0	0
7	0	0	2	1	0	0	0	0
9	0	0	0	1	0	0	0	0
11	0	0	1	0	0	0	0	0
13	1	0	0	0	0	0	0	0

注：职业高中包括成人高中、中专、技校。

表 1－8 描述的是企业家籍贯（全国范围）与创业次数的关系，企业家籍贯分为 28 组，分别为 28 个省级行政区。表 1－8 显示创业次数均值大于 2 次的企业家籍贯为（按创业次数从高到低排列）：江苏省、黑龙江省、北京市；其数值依次是 2.60 次、2.25 次、2.00 次。创业次数均值小于 0.5 次的企业家籍贯为（按创业次数从高到低排列）：广西壮族自治区、云南省和陕西省（两省并列）、重庆市、山西省；而贵州省、甘肃省、新疆维吾尔自治区、台湾省 4 地为 0 次。

表1－8　企业家籍贯（全国范围）与创业次数

单位：次

籍贯（全国范围）	创业次数	
	均值	中值
北京	2.00	2
河北	1.00	1
山西	0.25	0
内蒙古	1.00	1
辽宁	1.33	0.5
吉林	1.83	1
黑龙江	2.25	1.5
江苏	2.60	0
浙江	0.60	1
安徽	1.25	0
福建	1.57	1
江西	0.97	1
山东	1.67	1.5
河南	0.74	0
湖北	0.54	0
湖南	0.75	1
广东	0.71	0
广西	0.40	0
海南	0.50	0.5
重庆	0.30	0
四川	0.68	0
贵州	0.00	0
云南	0.33	0
陕西	0.33	0
甘肃	0.00	0
新疆	0.00	0
台湾	0.00	0
香港	1.00	1

表1－9描述的是企业家籍贯（省内）与创业次数的关系，企业家省内籍贯共分为18组，分别为广东省的18个地级市。表1－9

显示，企业家创业次数均值大多在 0.5 次以上，中值出现最多为 0.5 次和 0 次，企业家籍贯为深圳市的创业次数均值最大，为 3.00 次，其次是茂名市，1.58 次；最小的为佛山市和潮州市，为 0.00 次。创业次数均值小于 0.5 次的企业家籍贯有佛山市、潮州市、惠州市、揭阳市。

表 1-9　企业家籍贯（省内）与创业次数

单位：次

企业家籍贯（省内）		
城市	创业次数	
	均值	中值
广州市	0.67	0.5
韶关市	0.64	0
深圳市	3.00	3
汕头市	0.86	0.5
佛山市	0.00	0
江门市	1.00	0.5
湛江市	0.87	0
茂名市	1.58	1
肇庆市	1.10	1
惠州市	0.17	0
梅州市	0.79	0.5
汕尾市	0.78	0
河源市	0.75	0.5
阳江市	0.50	0.5
清远市	0.50	0
潮州市	0.00	0.5
揭阳市	0.44	0
云浮市	0.60	0

1.2.2 企业家特征与创业经验

图1－37描述的是广东省企业家的创业经验与创业行业分布情况。创业行业分为15组，分别为农林牧渔业；制造业；电力、热力、燃气及水生产和供应业；房屋建筑、土木工程建筑、建筑安装、建筑装饰和装修业；批发零售业；交通运输、仓储和邮政业；住宿和餐饮业；信息传输、软件和信息技术服务业；金融业；房地产业；租赁和商务服务业；科学研究和技术服务业；水利、环境和公共设施管理业；居民服务、修理和其他服务业；教育、卫生、社会工作、文化、体育和娱乐业。创业经验分为3组，分别为有经验创业、转行后创业、非转行后零经验创业。图1－37显示，几乎在所有行业中，转行后创业的企业家最多，有经验创业的企业家次之，非转行后零经验创业的最少；在转行后创业的企业家中，从事批发零售业的最多，住宿和餐饮业次之，然后是租赁和商务服务业，其人数分别为88人、78人、61人。在有经验创业的企业家

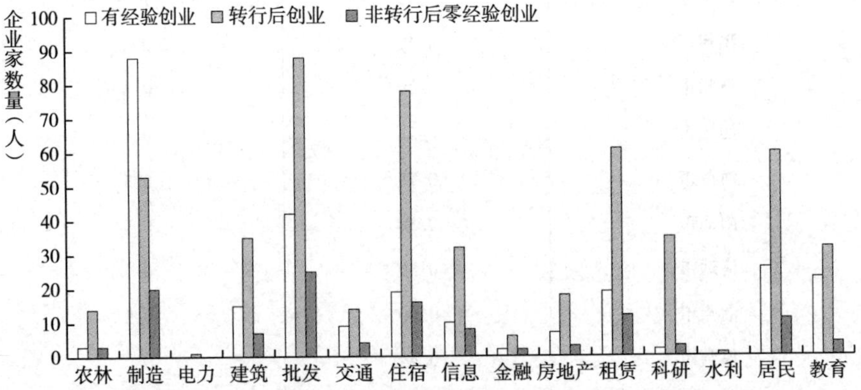

图1－37 广东省企业家的创业经验与创业行业分布特征

注：行业简称与全称信息请参见附录1。

中，从事制造业的最多，批发零售业次之，然后是居民服务、修理和其他服务业，其人数分别为88人、42人、26人；在非转行后零经验创业的企业家中，从事批发零售业的最多，制造业次之，然后是住宿和餐饮业，分别有25人、20人、16人。

图1－38描述的是企业家的创业经验与企业所在地区分布特征。创业经验分为3组，分别为有经验创业、转行后创业、非转行后零经验创业。企业所在地分为21组，分别为广东省21个地级市。图1－38显示，转行后创业的企业家最多，有经验创业的企业家次之，非转行后零经验创业的最少；在转行后创业的企业家中，其企业在深圳市、广州市、梅州市的最多，其人数分别为86人、59人、31人。在有经验创业的企业家中，其企业分布最多的在深圳市、中山市、广州市，其人数分别为38人、22人、20人。在非转行后零经验创业的企业家中，其企业分布最多的在深圳市，其次为云浮市、广州市、揭阳市，分别有18人、10人、10人、10人。

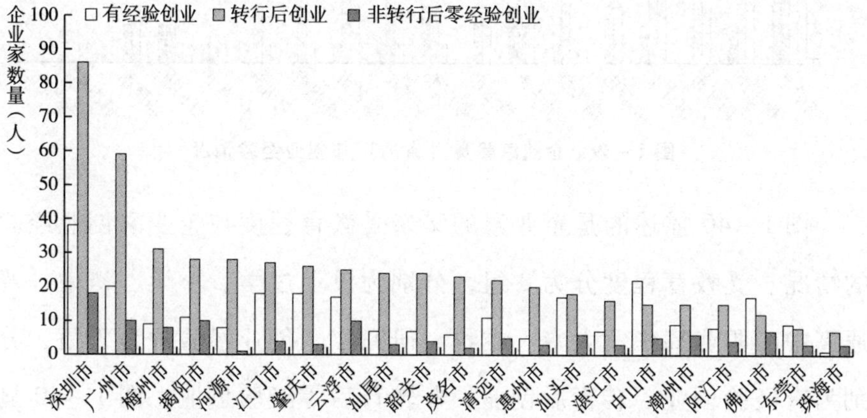

图1－38　企业家的创业经验与企业所在地区分布特征

图1－39描述的是企业家籍贯（省内）与创业经验的情况。创业经验分为3组，分别为有经验创业、转行后创业、非转行后零经验创业。企业家籍贯分为18组，分别为广东省的18个地级市。图1－39显示，转行后创业的企业家最多，有经验创业的企业家次之，非转行后零经验创业的最少；在转行后创业的企业家中，其出生地在揭阳市的最多，其次是梅州市、阳江市（两市并列），其人数分别是16人、13人、13人。在有经验创业的企业家中，企业家籍贯为湛江市的最多，其人数为10人，其他各市均较少；在非转行后零经验创业的企业家中，企业家籍贯为揭阳市的最多，其人数为8人，其他各市均小于或等于3人。

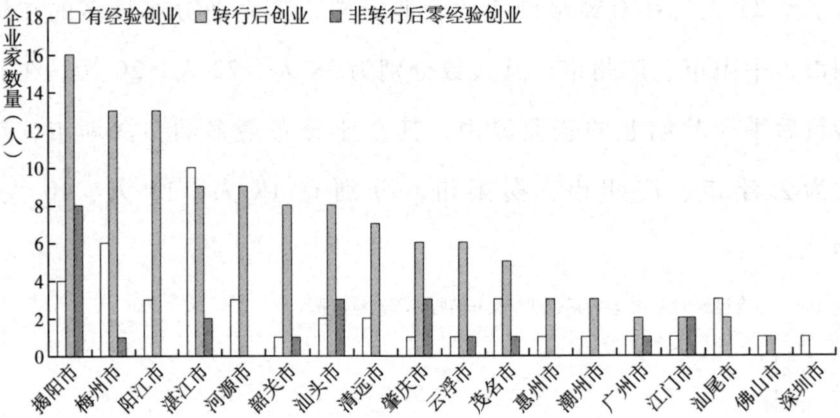

图1－39　企业家籍贯（省内）与创业经验情况

图1－40描述的是企业家的父亲受教育程度与企业家创业经验的情况。受教育程度分为8组，分别为没上过学、小学、初中、普通高中、职业高中、大专、本科、研究生。创业经验分为3组，分别为有经验创业、转行后创业、非转行后零经验创业。图1－40显示转行后创业的企业家最多，有经验创业的企业家次之，非转行

后零经验创业的最少；在转行后创业的企业家中，其父亲受教育程度最多的为小学，其次是初中、普通高中，其人数分别是 149 人、122 人、88 人。在有经验创业的企业家中，其父亲受教育程度最多的为小学，其次为初中、普通高中，其人数分别为 73 人、63 人、56 人；在非转行后零经验创业的企业家中，其父亲受教育程度分布最多的为小学，其次是普通高中、初中，其人数分别为 35 人、27 人、25 人。

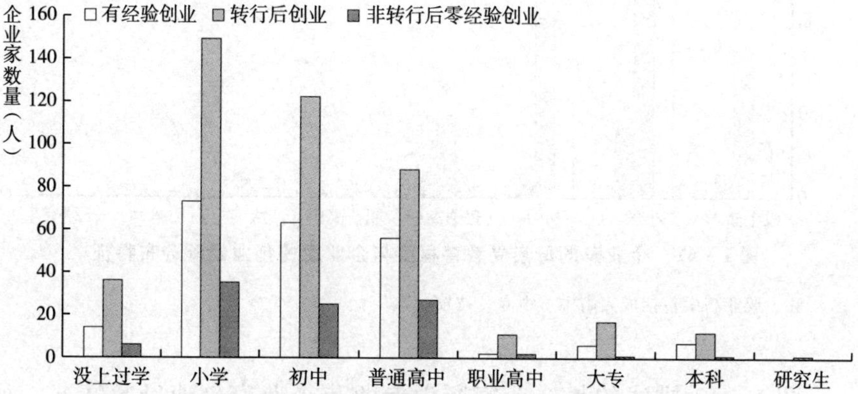

图 1－40　企业家的父亲受教育程度与企业家的创业经验分布特征

注：职业高中包括成人高中、中专、技校。

图 1－41 描述的是企业家的母亲受教育程度与企业家创业经验分布特征。受教育程度分为 8 组，分别为没上过学、小学、初中、普通高中、职业高中、大专、本科、研究生。创业经验分为 3 组，分别为有经验创业、转行后创业、非转行后零经验创业。图 1－41 显示，转行后创业的企业家最多，有经验创业的企业家次之，非转行后零经验创业的最少；在转行后创业的企业家中，其母亲受教育程度最多的为小学，其次是初中、没上过学，其人数分别是 174 人、105 人、87 人。在有经验创业的企业家中，其母亲受教育

程度最多的为小学，其次为初中、没上过学，其人数分别为107人、58人、33人；在非转行后零经验创业的企业家中，其母亲受教育程度分布最多的为小学，其次是初中、普通高中，其人数分别为41人、18人、15人。

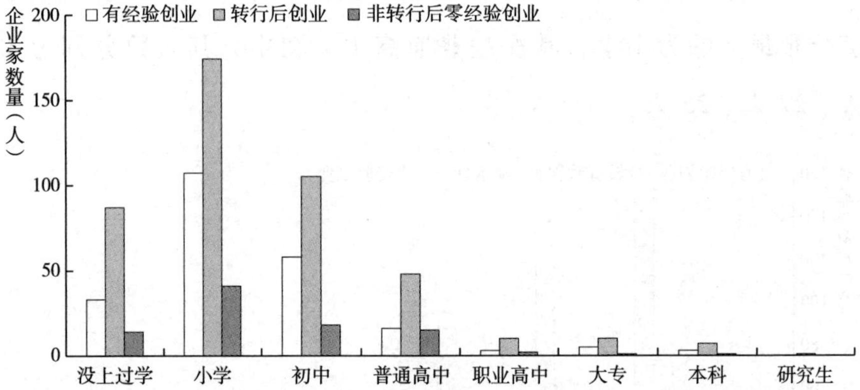

图1－41　企业家的母亲受教育程度与企业家的创业经验分布特征

注：职业高中包括成人高中、中专、技校。

图1－42描述的是企业家所学专业与企业家创业经验情况。所学专业分类为制造大类，艺术设计传媒大类，文化教育大类，旅游大类，电子信息大类，轻纺食品大类，公安大类，法律大类，农林牧渔大类，环保、气象与安全大类，公共事业大类，交通运输大类，医药卫生大类，材料与能源大类，财经大类，土建大类，生化与药品大类。创业经验分为有经验创业、转行后创业、非转行后零经验创业。图1－42显示，转行后创业的企业家最多，有经验创业的企业家次之，非转行后零经验创业的最少；在转行后创业的企业家中，企业家所学专业分布在财经大类的最多，其次是电子信息大类、制造大类，其人数分别是41人、34人、14人。在有经

验创业的企业家中，其所学专业的分布在财经大类、制造大类、电子信息大类，其人数分别为23人、16人、12人；在非转行后零经验创业的企业家中，企业家所学专业分布最多的为财经大类，其人数为9人，其余分布人数均较少。

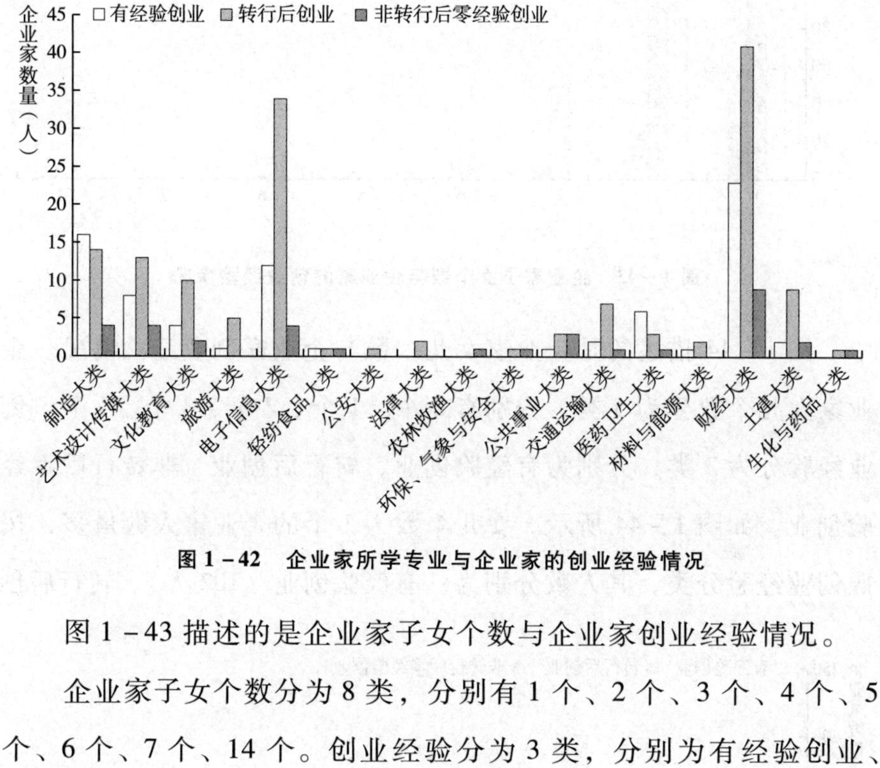

图1－42　企业家所学专业与企业家的创业经验情况

图1－43描述的是企业家子女个数与企业家创业经验情况。

企业家子女个数分为8类，分别有1个、2个、3个、4个、5个、6个、7个、14个。创业经验分为3类，分别为有经验创业、转行后创业、非转行后零经验创业。图1－43显示，转行后创业的企业家最多，有经验创业的企业家次之，非转行后零经验创业的最少；在转行后创业的企业家和有经验创业的企业家中，其子女个数多为2个，其次为1个、3个，其人数分别是169人、133人、49人；98人、59人、24人；在非转行后零经验创业的企业家中，其子女个数为1个的最多，其次为2个、3个，其人数分别为28

人、25 人、8 人。

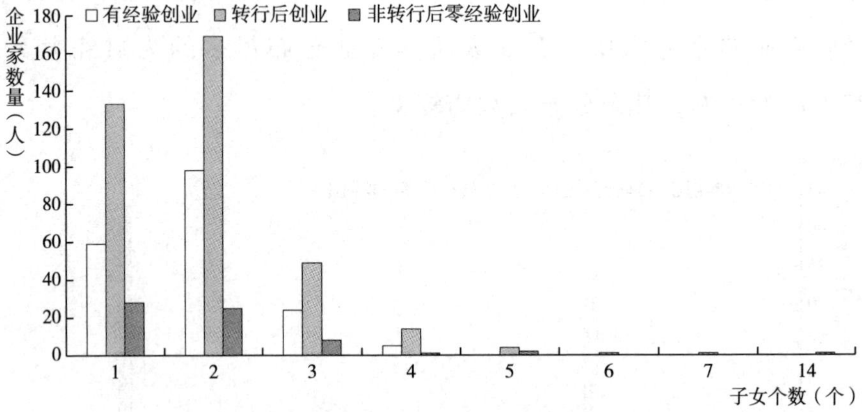

图 1－43　企业家子女个数与企业家的创业经验情况

图 1－44 描述的是企业家女儿个数与企业家创业经验情况。企业家女儿个数分为 5 类，分别有 0 个、1 个、2 个、3 个、4 个，创业经验分为 3 类，分别为有经验创业、转行后创业、非转行后零经验创业。如图 1－44 所示，女儿个数为 1 个的企业家人数最多，按照创业经验分类，其人数分别为：有经验创业（102 人）、转行后创

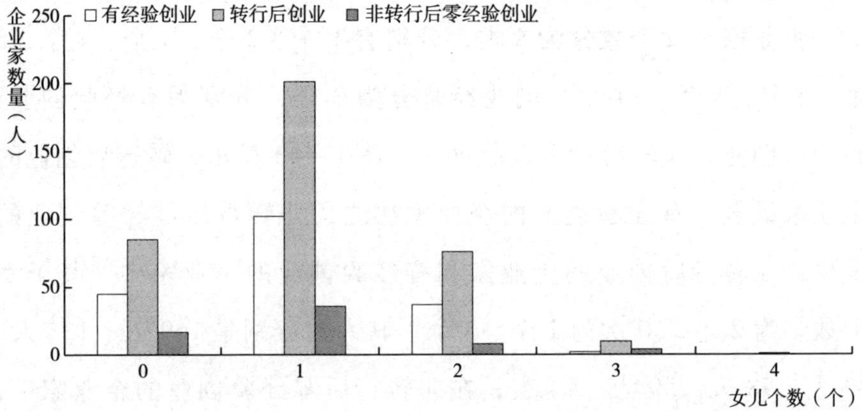

图 1－44　企业家女儿个数与企业家的创业经验情况

业（201 人）、非转行后零经验创业（36 人）。女儿个数为 0 的企业家其创业经验各类型人数分布为：有经验创业（45 人）、转行后创业（85 人）、非转行后零经验创业（17 人）。女儿个数为 2 个的企业家，其创业经验各类型人数分布为：有经验创业（37 人）、转行后创业（76 人）、非转行后零经验创业（8 人）。

图 1－45 描述的是企业家儿子个数与企业家的创业经验情况。企业家儿子个数分为 7 类，分别有 0 个、1 个、2 个、3 个、4 个、5 个、13 个，创业经验分为 3 类，分别为有经验创业、转行后创业、非转行后零经验创业。如图 1－45 所示，儿子个数为 1 个的企业家人数最多，其创业经验各类型人数分布为：有经验创业（93 人）、转行后创业（173 人）、非转行后零经验创业（35 人）。儿子个数为 0 的企业家，其创业经验各类型人数分布为：有经验创业（60 人）、转行后创业（136 人）、非转行后零经验创业（21 人）。儿子个数为 2 个的企业家，其创业经验各类型人数分布为：有经验创业（28 人）、转行后创业（50 人）、非转行后零经验创业（6 人）。

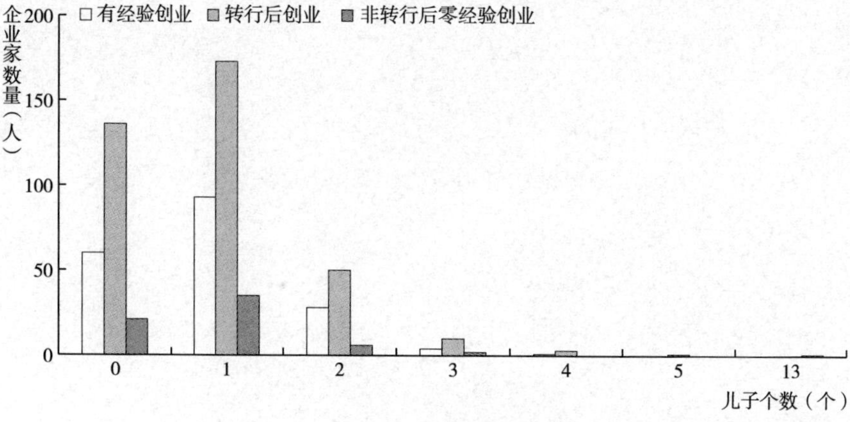

图 1－45　企业家儿子个数与企业家的创业经验情况

以上统计显示，广东省在营的企业家存在以下特征。第一，虽然以男性居多，但女性企业家在各行业领域越来越活跃。第二，广东的企业家中，高学历者越来越多。第三，制造业企业家中，有相关从业经验的居多。服务业中，从其他行业转行创业的居多。第四，广东企业家年轻人居多，而且养育二孩或者三孩的企业家比例较高。

第2章　民营企业家的资源配置与企业经营绩效

2.1　人力资本投入与企业经营绩效

2.1.1　劳动力人数

图2-1描述的是2017年企业员工总数与企业主营业务收入中位数的情况。按照员工总数的分布，共分为10组，分别为员工人数0~10人、11~20人、21~30人、31~40人、41~50人、51~60人、61~70人、71~80人、81~90人、91~100人。

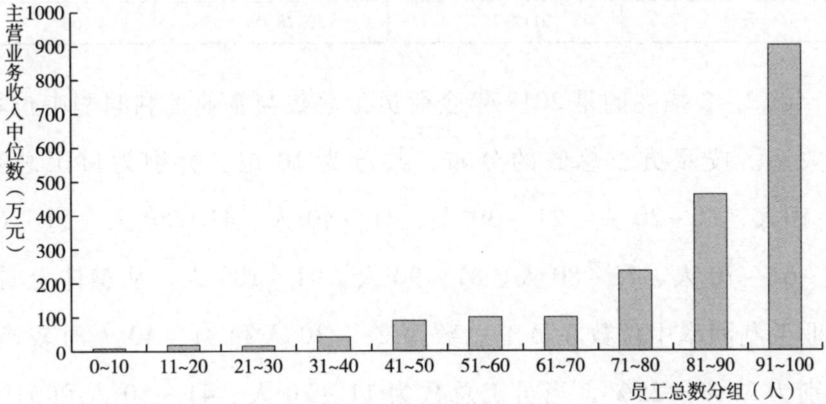

图2-1　2017年企业员工总数与企业主营业务收入中位数情况

从整体上看，主营业务收入中位数随着员工数量的增加而增大，员工总数为0～10人的企业主营业务收入中位数最小，为8万元，员工总数为91～100人的企业，其主营业务收入中位数最大，为900万元。员工总数为61～70人的企业，其主营业务收入中位数（100万元）与员工总数为51～60人的企业主营业务收入中位数（100万元）相同（见表2－1）。

表2－1 2017年企业员工总数与企业主营业务收入情况

员工总数分组（人）	主营业务收入（万元）		
	均值	标准差	中位数
0～10	22.88	50.59	8
11～20	1345.69	8642.00	19
21～30	41.48	103.06	16
31～40	126.67	272.83	42
41～50	164.84	211.54	90
51～60	165.60	208.35	100
61～70	11242.44	93600.84	100
71～80	575.56	1215.74	235
81～90	889.26	1464.93	460
91～100	6090.37	21588.07	900
合计	2112.75	30578.08	60

图2－2描述的是2017年企业员工总数与企业毛利润率中位数的关系。按照员工总数的分布，共分为10组，分别为员工总数0～10人、11～20人、21～30人、31～40人、41～50人、51～60人、61～70人、71～80人、81～90人、91～100人。从整体上看，企业毛利润率中位数在员工总数为21～30人和31～40人时较高，分别为30%、25%，当员工总数为11～20人、41～50人和51～60人时，企业毛利润率中位数为20%（见表2－2）。

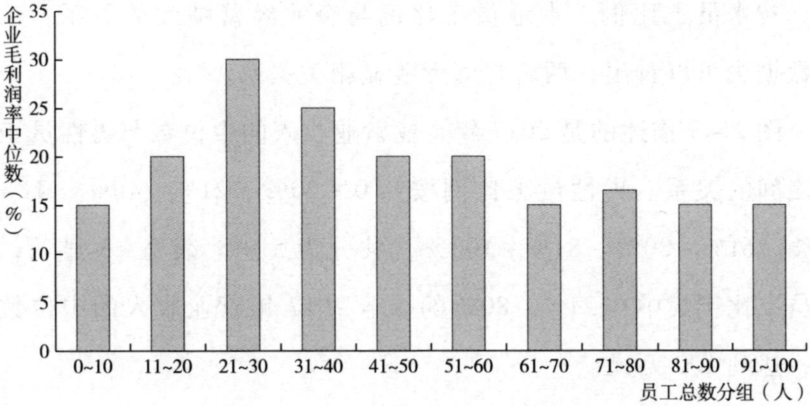

图 2－2　2017 年企业员工总数与企业毛利润率中位数情况

表 2－2　2017 年企业员工总数与企业毛利润率情况

员工总数分组（人）	毛利润率（%）		
	均值	标准差	中位数
0～10	17.75	16.41	15
11～20	22.83	20.85	20
21～30	28.80	20.86	30
31～40	26.68	19.54	25
41～50	26.86	36.38	20
51～60	23.05	19.12	20
61～70	21.04	20.70	15
71～80	21.81	18.47	16.5
81～90	19.07	20.96	15
91～100	20.38	19.16	15
合计	22.72	23.10	20

2.1.2　劳动力结构

本节探讨了企业所雇用的员工的结构特征，例如男性员工比例、技术员工比例、本地员工比例与企业经营绩效的关系，从已有数据中可以看出，两者之间无明显相关关系。

图2－3描述的是2017年企业营业收入的中位数与男性员工比例之间的关系。男性员工比例按照0～20%、21%～40%、41%～60%、61%～80%、81%～100%，共分为5组。表2－3显示，男性员工比例集中在21%～80%的企业2017年营业收入的中位数最高，达到100万元。

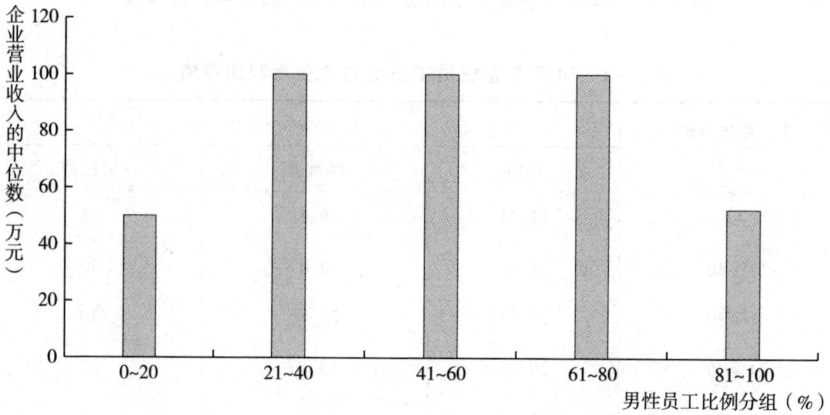

图2－3　2017年企业营业收入的中位数与男性员工比例情况

表2－3　2017年企业营业收入与男性员工比例情况

男性员工比例分组（%）	企业营业收入（万元）		
	均值	标准差	中位数
0～20	992.35	6371.63	50
21～40	8776.52	71542.12	100
41～60	524.33	1371.37	100
61～80	1294.57	10415.51	100
81～100	348.75	778.64	52.5

图 2－4 描述的是 2017 年企业毛利润率中位数与男性员工比例情况。男性员工比例按照 0～20%、21%～40%、41%～60%、61%～80%、81%～100%，共分为 5 组。表 2－4 显示，男性员工比例与毛利润率中位数无明显相关关系。这意味着，广东的民营企业并不完全是以利用男性劳动力优势来从事生产经营活动的。

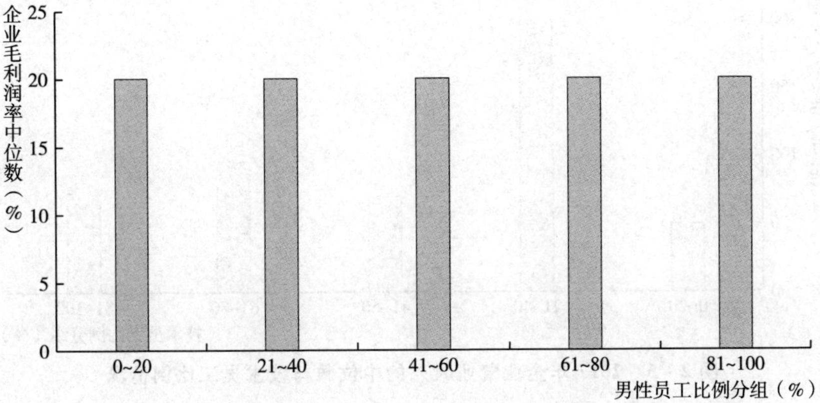

图 2－4　2017 年企业毛利润率中位数与男性员工比例情况

表 2－4　2017 年企业毛利润率与男性员工比例情况

单位：%

男性员工比例分组	毛利润率		
	均值	标准差	中位数
0～20	23.65	21.04	20
21～40	23.94	25.93	20
41～60	24.39	20.62	20
61～80	21.27	17.87	20
81～100	23.93	31.15	20

图2－5描述的是2017年企业营业收入的中位数与技术员工比例情况。技术员工比例按照0～20%、21%～40%、41%～60%、61%～80%、81%～100%，共分为5组。表2－5显示，技术员工比例集中在21%～40%的企业2017年营业收入的中位数最高，达到了200万元。

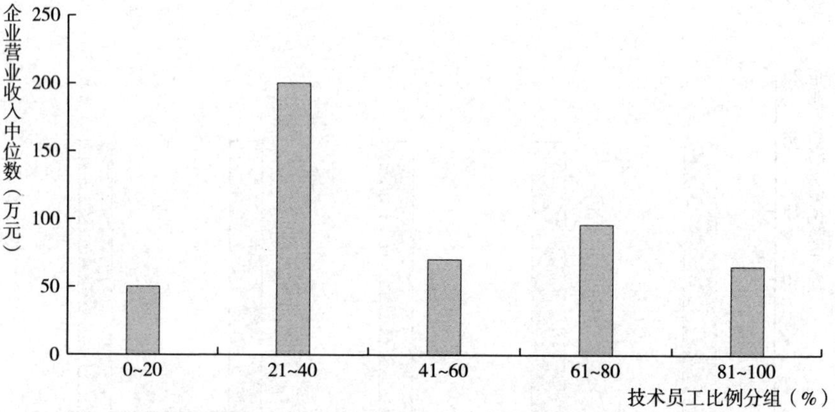

图2－5　2017年企业营业收入的中位数与技术员工比例情况

表2－5　2017年企业营业收入与技术员工比例情况

技术员工比例分组（%）	企业营业收入（万元）		
	均值	标准差	中位数
0～20	6471.84	68054.76	50
21～40	2297.55	12765.81	200
41～60	1820.30	11173.60	70
61～80	427.52	913.25	96
81～100	288.86	566.94	65

图2－6描述的是2017年企业毛利润率中位数与技术员工比例

情况。技术员工比例按照 0～20%、21%～40%、41%～60%、61%～80%、81%～100%，共分为 5 组。表 2－6 显示，2017 年技术员工比例集中在 0～20%、41%～60%、81%～100%时，企业毛利润率中位数最高，达到了 20%。

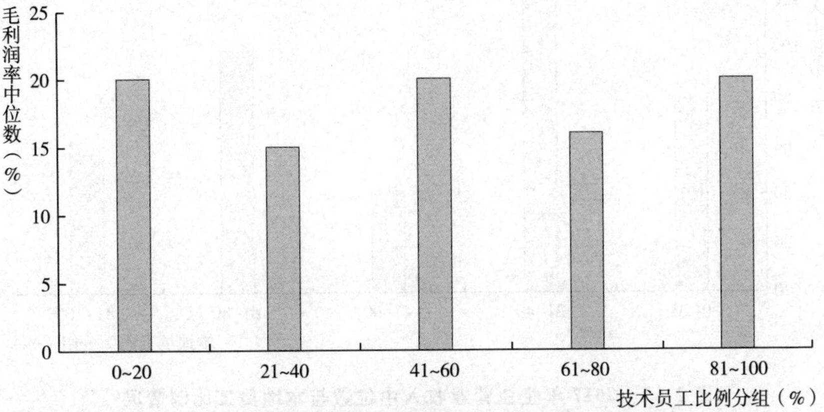

图 2－6　2017 年企业毛利润率中位数与技术员工比例情况

表 2－6　2017 年企业毛利润率与技术员工比例情况

单位：%

技术员工比例分组	毛利润率		
	均值	标准差	中位数
0～20	20.88	18.89	20
21～40	21.87	18.31	15
41～60	26.62	31.89	20
61～80	21.17	19.63	16
81～100	24.66	22.28	20

图 2－7 描述的是 2017 年企业营业收入中位数与本地员工比例之间的情况。本地员工比例按照 0～20%、21%～40%、41%～

60%、61%～80%、81%～100%，共分为5组。表2－7显示，本地员工比例为21%～40%、61%～80%的企业2017年营业收入中位数较高，分别达到130万元和100万元。

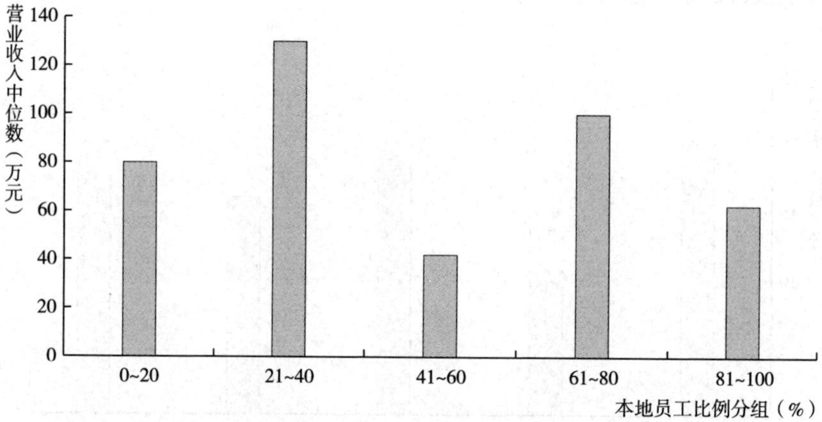

图2－7　2017年企业营业收入中位数与本地员工比例情况

表2－7　2017年企业营业收入与本地员工比例情况

本地员工比例分组（%）	企业营业收入（万元）		
	均值	标准差	中位数
0～20	768.79	3910.78	80
21～40	669.07	1299.35	130
41～60	1440.46	12440.79	42
61～80	9336.16	76250.14	100
81～100	909.71	6224.95	62.5

图2－8描述的是2017年企业毛利润率中位数与本地员工比例情况。本地员工比例按照0～20%、21%～40%、41%～60%、61%～80%、81%～100%，共分为5组。表2－8显示，本地员工比例与毛利润率整体无明显相关关系。

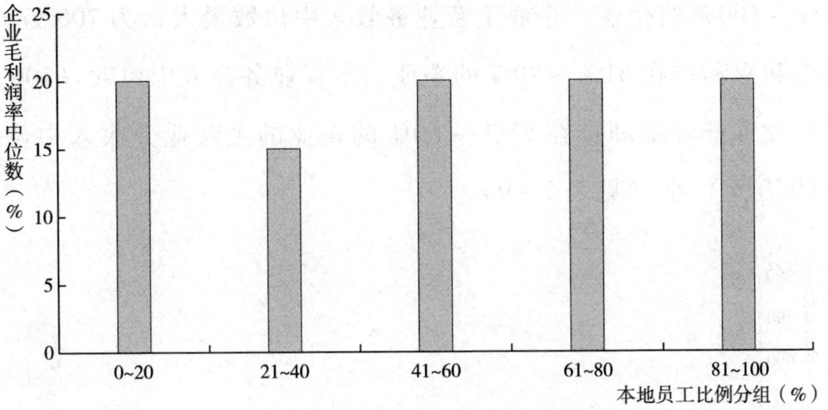

图 2-8　2017 年企业毛利润率中位数与本地员工比例情况

表 2-8　2017 年企业毛利润率与本地员工比例情况

单位：%

本地员工比例分组	毛利润率		
	均值	标准差	中位数
0 ~ 20	26.81	20.67	20
21 ~ 40	20.24	21.33	15
41 ~ 60	22.65	18.81	20
61 ~ 80	25.29	35.93	20
81 ~ 100	21.02	18.92	20

2.1.3　员工的薪酬与福利

图 2-9 描述的是企业薪酬、福利比例与企业主营业务收入中位数的关系。薪酬和福利按分布共分为 10 组，分别为 0 ~ 10%、11% ~ 20%、21% ~ 30%、31% ~ 40%、41% ~ 50%、51% ~ 60%、61% ~ 70%、71% ~ 80%、81% ~ 90%、91% ~ 100%。从整体上看，主营业务收入中位数随着薪酬和福利的增加而增大，薪酬和福利排在 0 ~ 10% 的主营业务收入中位数最小，为 5.5 万元，薪酬和福利排在

91%～100%的企业，企业主营业务收入中位数最大，为700万元。薪酬和福利排在61%～70%的企业，主营业务收入中位数（100万元）比薪酬和福利排在51%～60%的企业的主营业务收入中位数（180万元）小（见表2－9）。

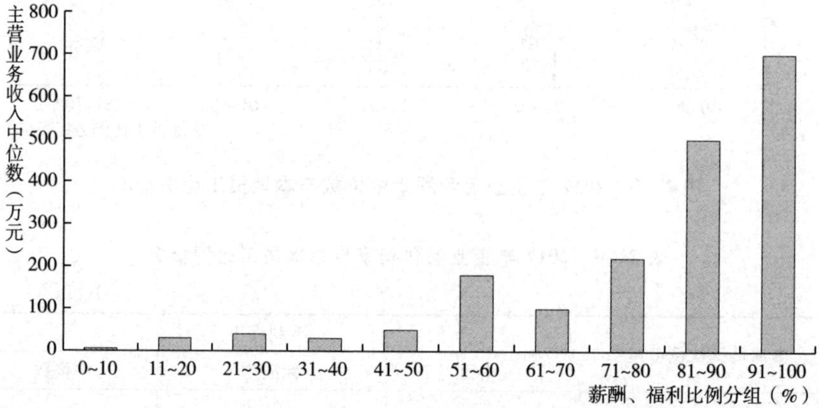

图2－9　2017年企业薪酬、福利比例与企业主营业务收入中位数情况

表2－9　2017年企业薪酬、福利比例与企业主营业务收入情况

薪酬、福利比例分组（%）	主营业务收入（万元）		
	均值	标准差	中位数
0～10	124.06	472.28	5.5
11～20	187.37	571.87	30
21～30	160.31	296.62	40
31～40	81.73	167.48	30
41～50	111.83	174.56	50
51～60	304.25	660.41	180
61～70	287.39	580.35	100
71～80	609.89	984.15	220
81～90	1444.26	4445.15	500
91～100	10268.65	28524.58	700
合计	1414.74	9836.67	80

图 2－10 描述的是薪酬、福利占比与企业 2017 年毛利润率中位数之间的关系，按照薪酬和福利的分布，共分为 10 组，分别为 0～10%、11%～20%、21%～30%、31%～40%、41%～50%、51%～60%、61%～70%、71%～80%、81%～90%、91%～100%。从整体上看，企业毛利润率中位数在薪酬、福利比例为 21%～50% 时较高，分别为 30%、25%、25%，薪酬和福利比例排在 0～10% 的企业毛利润率中位数为 10%（见表 2－10）。

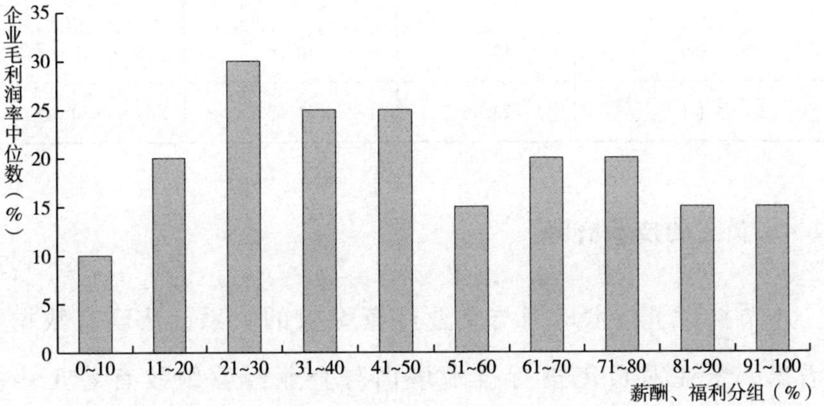

图 2－10　2017 年企业薪酬、福利比例与企业毛利润率中位数的情况

表 2－10　2017 年企业薪酬、福利比例与企业毛利润率情况

单位：%

薪酬、福利分组	毛利润率		
	均值	标准差	中位数
0～10	17.38	16.68	10
11～20	22.67	19.25	20
21～30	30.62	22.35	30
31～40	25.05	17.41	25

续表

薪酬、福利分组	毛利润率		
	均值	标准差	中位数
41～50	24.62	18.39	25
51～60	26.42	34.65	15
61～70	22.01	18.29	20
71～80	21.67	18.53	20
81～90	21.72	24.30	15
91～100	19.77	18.56	15
合计	23.46	21.63	20

2.1.4 员工的技术培训

本节探讨了技术培训与企业经营绩效的关系，从已有数据可以看出，企业对员工进行技术培训与企业经营绩效有着正相关关系。

图2－11描述的是2017年企业营业收入的中位数与是否对员工进行技术培训的关系，共分为两组，分别是进行技术培训的企业和未进行技术培训的企业。表2－11显示，进行技术培训的企业2017年营业收入的中位数要高于未进行技术培训的企业，其中进行技术培训的企业2017年营业收入的中位数达到100万元，未进行技术培训的企业2017年营业收入的中位数只有50万元。

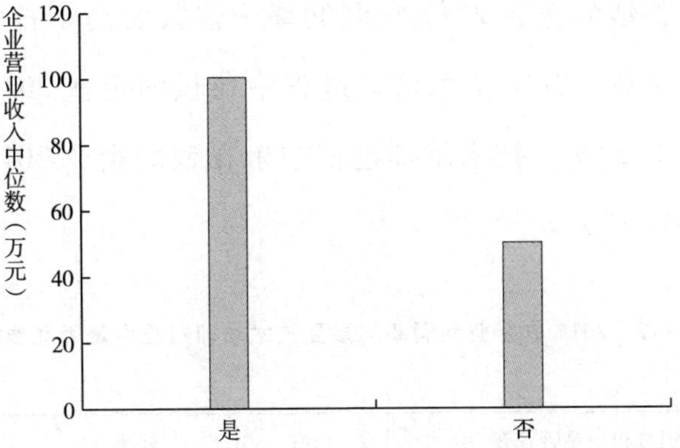

图 2－11　2017 年企业营业收入的中位数与是否对员工进行技术培训情况

表 2－11　2017 年企业营业收入与是否对员工进行技术培训情况

单位：万元

是否对员工进行技术培训	均值	标准差	中位数
是	3366.84	40472.74	100
否	710.30	5392.22	50

图 2－12 描述的是 2017 年企业利润率的中位数与接受技术培训过程中是否花钱的情况，共分为两组，分别是技术培训过程中花钱的企业和技术培训过程中未花钱的企业。表 2－12 显示，技术

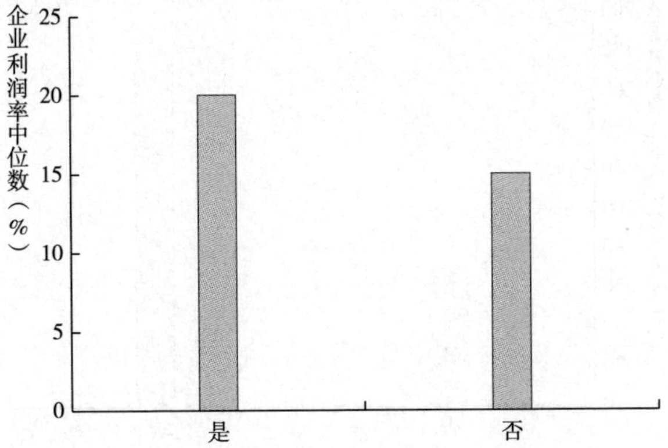

图 2－12　2017 年企业利润率中位数与接受技术培训过程中是否花钱的情况

培训过程中花钱的企业2017年利润率中位数要高于技术培训过程中未花钱的企业，其中技术培训过程中花钱的企业2017年利润率中位数达到了20%，技术培训过程中未花钱的企业2017年利润率的中位数只有15%。

表2－12　2017年企业利润率与接受技术培训过程中是否花钱情况

单位：%

技术培训过程中是否花钱	均值	标准差	中位数
是	25.35	26.15	20
否	19.69	17.87	15

图2－13描述的是2017年企业营业收入的中位数与技术培训中是否花钱的关系。共分为两组，分别是技术培训中未花钱的企业和技术培训中花钱的企业。表2－13显示，花钱进行技术培训的企业2017年营业收入的中位数要高于没有花钱进行技术培训的企业，其中花钱进行技术培训的企业2017年营业收入的中位数达到了180万元，未花钱进行技术培训的企业2017年营业收入的中位数只有70万元。

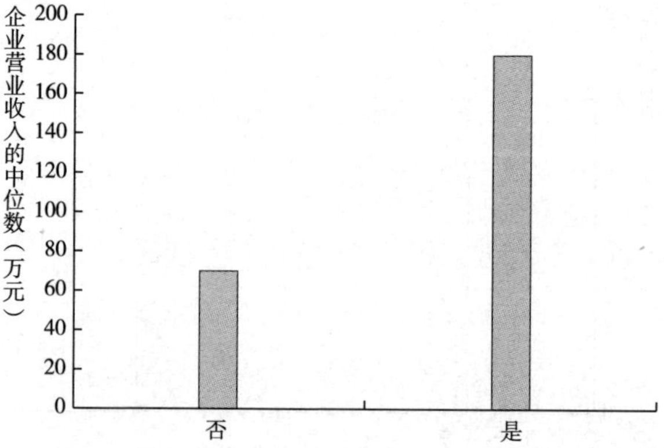

图2－13　2017年企业营业收入的中位数与技术培训中是否花钱情况

表 2－13　2017 年企业营业收入与技术培训中是否花钱情况

单位：万元

技术培训是否花钱	均值	标准差	中位数
否	760.84	5970.61	70
是	1297.66	8699.54	180

图 2－14 描述的是 2017 年企业利润率的中位数与技术培训中是否花钱的关系。共分为两组，分别是进行技术培训未花钱的企业和进行技术培训花钱的企业。表 2－14 显示，未花钱进行技术培训的企业 2017 年利润率中位数要高于花钱进行技术培训的企业，其中未花钱进行技术培训的企业 2017 年利润率中位数达到了 22.5%，花钱进行技术培训的企业 2017 年利润率的中位数只有 20%。

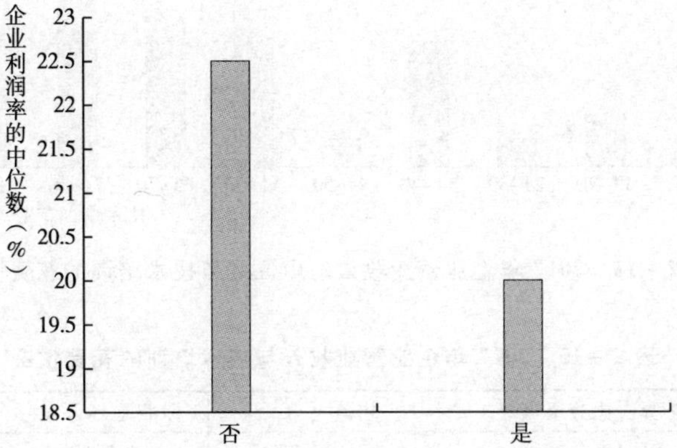

图 2－14　2017 年企业利润率中位数与技术培训中是否花钱情况

表 2－14　2017 年企业利润率与技术培训中是否花钱情况

单位：%

技术培训是否花钱	均值	标准差	中位数
否	26.02	21.91	22.5
是	24.39	23.32	20

图2－15描述了2017年企业营业收入的中位数与技术培训花费的情况，按照对员工培训花费占年营业收入的0～10%、11%～20%、21%～30%、31%～40%、41%～50%、51%～60%、61%～70%、71%～80%、81%～90%、91%～100%，分为10组。表2－15显示，进行技术培训花费越多，企业2017年营业收入的中位数普遍越高。其中对员工培训花费71%～80%的企业2017年营业收入的中位数最高，达到了525万元。

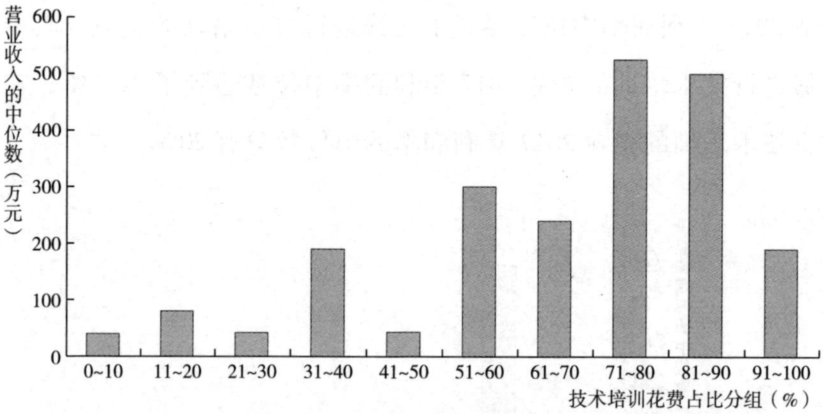

图2－15　2017年企业营业收入的中位数与技术培训的花费情况

表2－15　2017年企业营业收入与技术培训的花费情况

技术培训花费占比分组（%）	均值（万元）	标准差（万元）	中位数（万元）
0～10	185.05	432.69	40
11～20	304.27	524.65	80
21～30	476.97	1185.42	42
31～40	722.56	1191.82	190
41～50	234.62	520.10	42.5
51～60	745.09	1033.22	300
61～70	589.67	1214.63	240
71～80	1243.17	1884.66	525
81～90	1378.08	2472.33	500
91～100	9882.15	33113.60	190

综上，从企业劳动力的投入来看，经营较好的广东企业中，对男性员工和女性员工的需求无显著差异。员工的薪酬越高，技术员工比例越高，以及本地员工越多，企业的利润越高。

2.2　资本投入与经营绩效

2.2.1　研发投入与经营绩效

图 2－16 描述的是 2017 年企业是否有单项创新与企业经营绩效（主营业务收入中位数、毛利润率中位数）的关系，按照有无单项创新的标准，将企业分为两组。从整体上看，有单项创新的企业主营业务收入中位数（20 万元）低于无单项创新的企业主营业务收入中位数（80 万元）。同时，有单项创新的企业，其毛利润率中位数（10%）也低于无单项创新企业的毛利润率中位数（20%）。

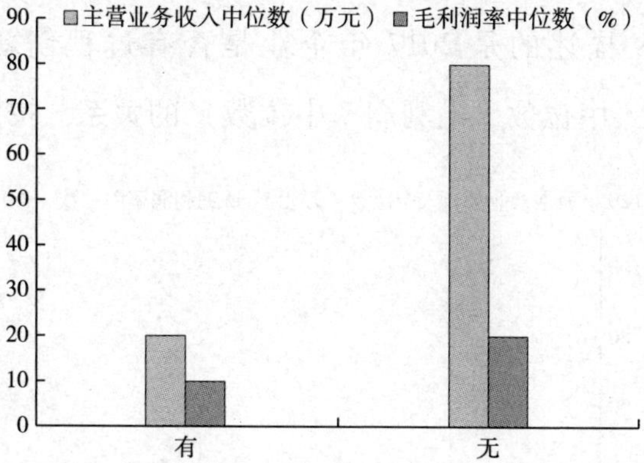

图 2－16　2017 年企业是否有单项创新与企业经营绩效情况

图 2－17 描述的是 2017 年企业是否有新产品或服务创新与企业经营绩效（主营业务收入中位数、毛利润率中位数）的关系。

按照有无新产品或服务创新，将企业分为两组。从整体上看，有新产品或服务创新的企业主营业务收入中位数（150万元）远高于无新产品或服务创新的企业主营业务收入中位数（30万元），同时，有新产品或服务创新的企业，其毛利润率中位数（20%）与无新产品或服务创新的企业毛利润率（20%）中位数相同。

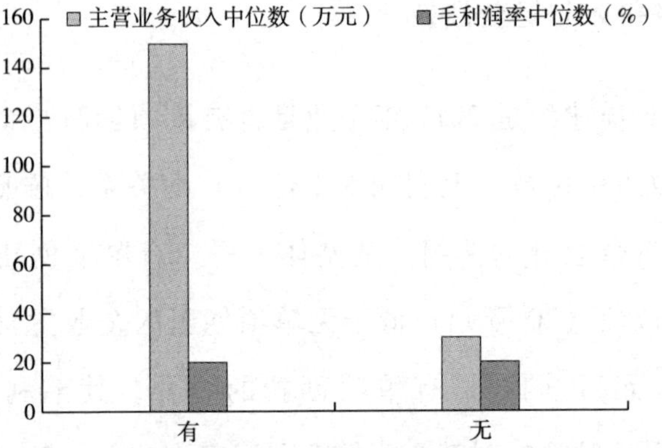

图2－17　2017年企业是否有新产品或服务创新与企业经营绩效情况

图2－18描述的是2017年企业是否有过程创新与经营绩效（主营业务收入中位数、毛利润率中位数）的关系。按照有无过程创

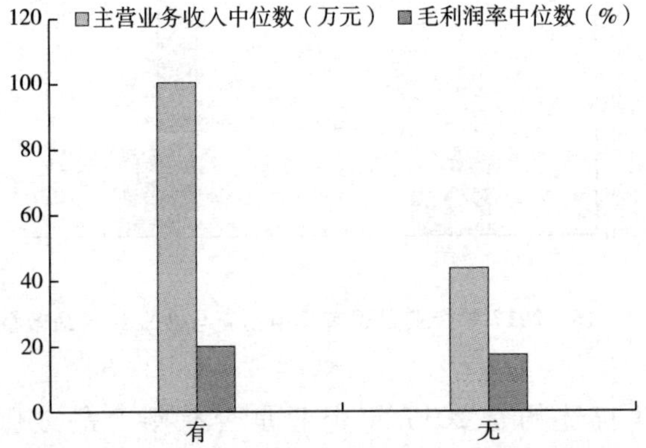

图2－18　2017年企业是否有过程创新与经营绩效情况

新，将企业分为两组。从整体上看，有过程创新的企业主营业务收入中位数（100 万元）高于无过程创新的企业主营业务收入中位数（43.5 万元），同时，有过程创新的企业，其毛利润率中位数（20%）也高于无过程创新的企业毛利润率中位数（17.25%）。

图 2－19 描述的是 2017 年企业是否有营销创新与经营绩效（主营业务收入中位数、毛利润率中位数）的关系。按照有无营销创新，将企业分为两组。从整体上看，有营销创新的企业主营业务收入中位数（47.5 万元）低于无营销创新的企业主营业务收入中位数（80 万元），有营销创新的企业，其毛利润率中位数（15%）也低于无营销创新的企业毛利润率中位数（20%）。

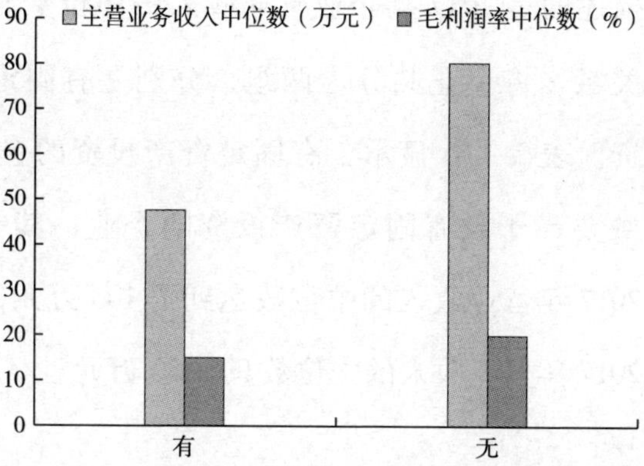

图 2－19　2017 年企业是否有营销创新与企业经营绩效情况

图 2－20 描述的是 2017 年企业是否有环保创新与经营绩效（主营业务收入中位数、毛利润率中位数）的关系。按照有无环保创新，将企业分为两组。从整体上看，有环保创新的企业主营业务收入中位数（50 万元）低于无环保创新的企业主营业务收入中位数（100 万元），有环保创新的企业，其毛利润率中位数（20%）高于无环保创新的企业毛利润率中位数（16%）。

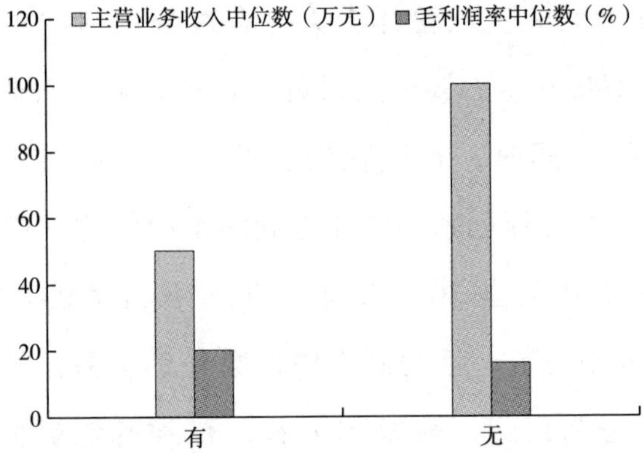

图 2－20　2017 年企业是否有环保创新与企业经营绩效情况

2.2.2　固定资产投入与经营绩效

图 2－21 描述的是 2017 年企业营业收入的中位数与是否进行固定资产投资的关系。将企业共分为两组，分别是有固定资产投资和无固定资产投资。表 2－16 显示，有固定资产投资的企业 2017 年营业收入的中位数要高于没有固定资产投资的企业，其中，有固定资产投资的企业 2017 年营业收入的中位数达到了 100 万元，而无固定资产投资的企业 2017 年营业收入的中位数只有 50 万元。

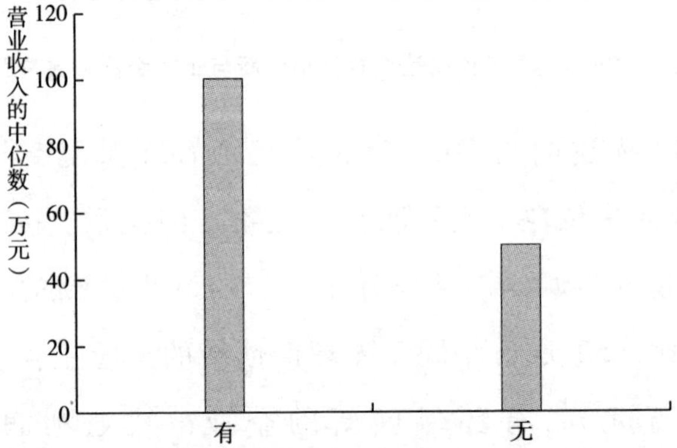

图 2－21　2017 年企业营业收入的中位数与是否进行固定资产投资情况

表 2－16　2017 年企业营业收入与是否进行固定资产投资情况

单位：万元

是否有固定资产投资	均值	标准差	中位数
有	2016.87	12214.13	100
无	2172.52	37022.52	50

图 2－22 描述的是 2017 年企业利润率中位数与是否进行固定资产投资的关系。共分为两组，分别是有固定资产投资的企业和无固定资产投资的企业。表 2－17 显示，有固定资产投资的企业 2017 年利润率中位数与无固定资产投资的企业持平。

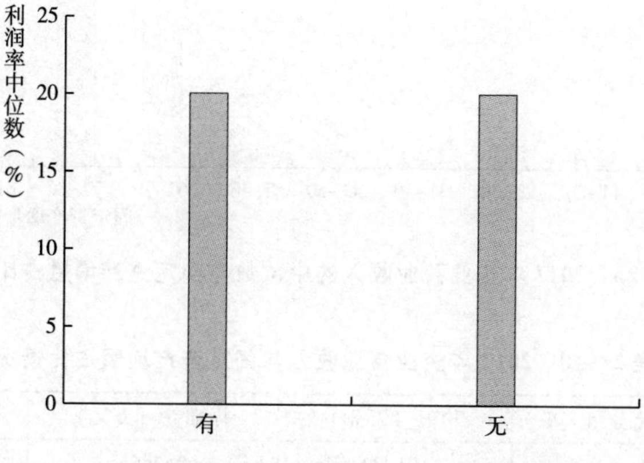

图 2－22　2017 年企业利润率中位数与是否进行固定资产投资情况

表 2－17　2017 年企业利润率与是否进行固定资产投资情况

单位：%

是否有固定资产投资	均值	标准差	中位数
有	23.01	19.93	20
无	22.30	24.73	20

图 2－23 描述了 2017 年企业营业收入的中位数与固定资产增量占比的关系。按照固定资产增量占总量的比例 0～10%、11%～

20%、21%～30%、31%～40%、41%～50%、51%～60%、61%～70%、71%～80%、81%～90%、91%～100%，分为10组。表2－18显示，总的来看，固定资产增量占比越大，企业2017年营业收入的中位数越高，其中，固定资产增量占比为91%～100%的企业2017年营业收入的中位数最高，达到了900万元。

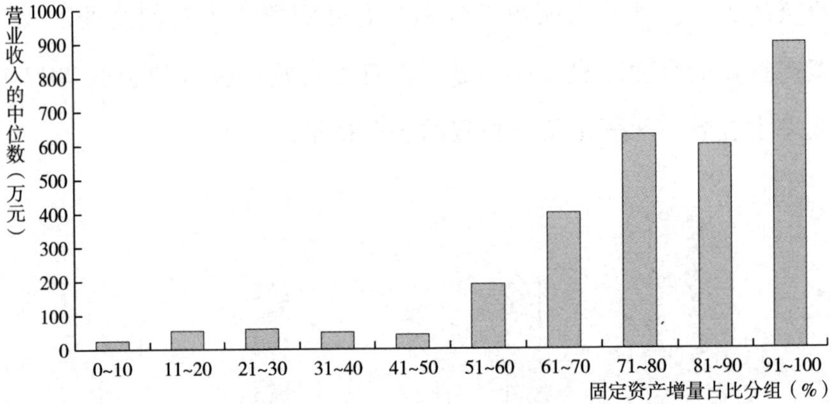

图2－23　2017年企业营业收入的中位数与固定资产增量占比情况

表2－18　2017年企业营业收入与固定资产增量占比情况

固定资产增量占比分组（%）	均值（万元）	标准差（万元）	中位数（万元）
0～10	101.92	243.66	25
11～20	254.51	558.94	55
21～30	116.73	151.26	60
31～40	150.84	247.40	50
41～50	94.17	118.26	42.5
51～60	465.71	786.55	190
61～70	358.44	260.69	400
71～80	1353.58	2319.49	629
81～90	1196.04	1592.76	600
91～100	11311.90	32191.60	900

图 2 - 24 描述了 2017 年企业毛利润率中位数与固定资产增量的关系。按照固定资产增量占总量的比例 0 ~ 10%、11% ~ 20%、21% ~ 30%、31% ~ 40%、41% ~ 50%、51% ~ 60%、61% ~ 70%、71% ~ 80%、81% ~ 90%、91% ~ 100%，分为 10 组。表 2 - 19 显示，在一定比例内固定资产增量越大，2017 年企业毛利润率中位数越高，其中，固定资产增量占比为 0 ~ 10%、31% ~ 40%、41% ~ 50% 的企业 2017 年毛利润率中位数最高，均达到了 30%。

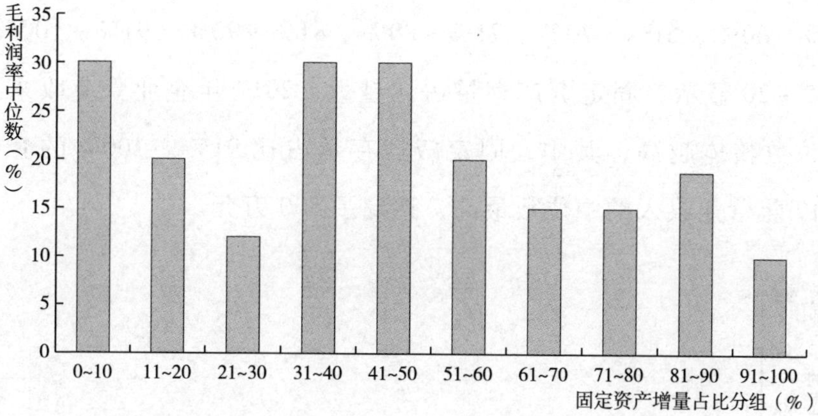

图 2 - 24　2017 年企业毛利润率中位数与固定资产增量占比情况

表 2 - 19　2017 年企业毛利润率与固定资产增量占比情况

单位：%

固定资产增量占比分组	均值	标准差	中位数
0 ~ 10	30.50	27.35	30
11 ~ 20	24.75	25.07	20
21 ~ 30	19.60	20.01	12
31 ~ 40	28.53	17.90	30
41 ~ 50	28.65	16.45	30
51 ~ 60	24.23	18.21	20
61 ~ 70	21.09	21.36	15

续表

固定资产增量占比分组	均值	标准差	中位数
71～80	16.98	12.94	15
81～90	18.48	14.05	18.75
91～100	19.29	21.79	10

图 2－25 描述了 2017 年企业营业收入的中位数与固定资产存量占比的关系。按照固定资产存量占总量的比例排序共分为 10 组，即 0～10%、11%～20%、21%～30%、31%～40%、41%～50%、51%～60%、61%～70%、71%～80%、81%～90%、91%～100%。表 2－20 显示，固定资产存量占比越大，2017 年企业营业收入的中位数整体越高，其中，固定资产存量占比 91%～100% 的企业 2017 年营业收入的中位数最高，达到了 500 万元。

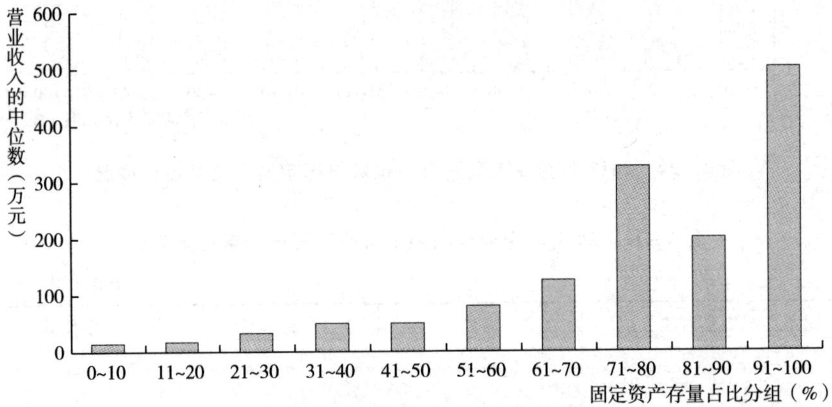

图 2－25　2017 年企业营业收入的中位数与固定资产存量占比情况

表 2－20　2017 年企业营业收入与固定资产存量占比情况

固定资产存量占比分组（%）	均值（万元）	标准差（万元）	中位数（万元）
0～10	60.05	70.11	15

续表

固定资产存量占比分组（%）	均值（万元）	标准差（万元）	中位数（万元）
11～20	209.92	319.16	17.5
21～30	330.29	492.65	33
31～40	593.79	1508.11	50
41～50	234.13	297.37	50
51～60	539.25	1018.79	80
61～70	235.42	271.64	125
71～80	556.64	590.65	325
81～90	649.80	956.07	200
91～100	11956.75	37227.53	500

图 2－26 描述了 2017 年企业利润率中位数与固定资产存量占比的关系。按照固定资产存量占总量的比例排序分为 10 组，即 0～10%、11%～20%、21%～30%、31%～40%、41%～50%、51%～60%、61%～70%、71%～80%、81%～90%、91%～100%。表 2－21 显示，固定资产存量占比与 2017 年企业利润率中位数无明显相关关系，其中，固定资产存量占比 21%～30% 的企业 2017 年利润率中位数最高，达到了 25%。

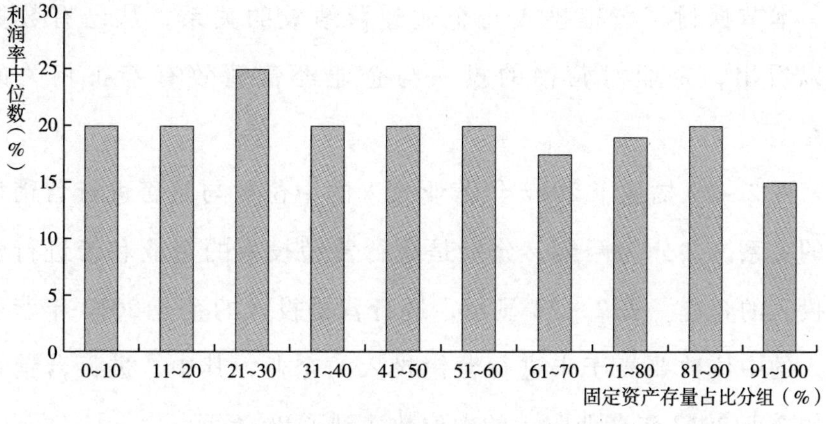

图 2－26　2017 年企业利润率中位数与固定资产存量占比情况

表 2－21 2017 年利润率与固定资产存量占比情况

单位：%

固定资产存量占比分组	均值	标准差	中位数
0～10	20.45	18.50	20
11～20	25.27	16.99	20
21～30	25.27	23.02	25
31～40	23.31	14.15	20
41～50	15.88	13.00	20
51～60	24.33	21.28	20
61～70	16.92	12.47	17.5
71～80	18.44	10.98	19
81～90	20.07	16.88	20
91～100	21.89	20.94	15

2.2.3 营销投入与经营绩效

本节探讨了营销投入与企业经营绩效的关系，从已有数据可以看出，企业对营销的投入与企业经营绩效有着正相关的关系。

图 2－27 描述了 2017 年营业收入的中位数与是否进行营销投入的关系。共分为两组，分别是进行营销投入的企业和未进行营销投入的企业。表 2－22 显示，进行营销投入的企业 2017 年营业收入的中位数要高于未进行营销投入的企业，其中，进行营销投入的企业 2017 年营业收入的中位数达到了 80 万元。

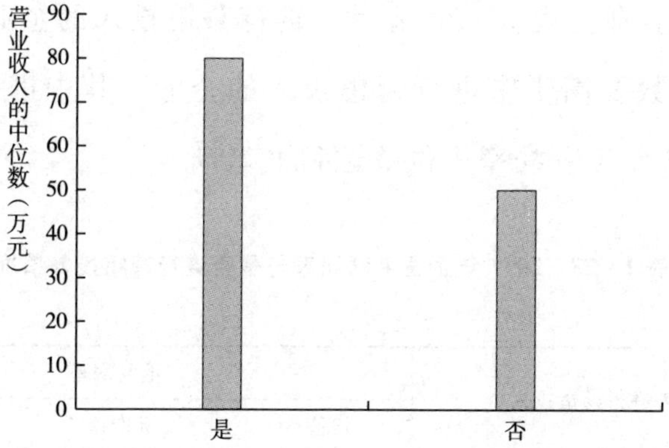

图 2－27　2017 年企业营业收入的中位数与是否进行营销投入情况

表 2－22　2017 年企业营业收入与是否进行营销投入情况

单位：万元

企业是否有营销投入	企业营业收入		
	均值	标准差	中位数
是	3506.68	43808.09	80
否	879.55	7744.50	50

图 2－28 描述了 2017 年企业毛利润率中位数与是否进行营销投入的关系。共分为两组，分别是进行营销投入的企业和未进行

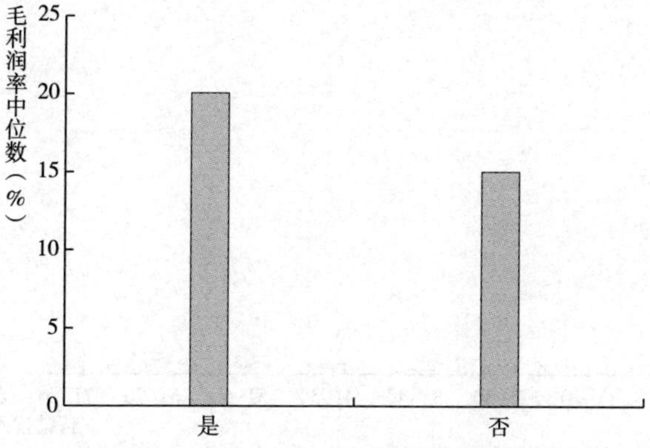

图 2－28　2017 年企业毛利润率中位数与是否进行营销投入情况

营销投入的企业。表 2－23 显示，进行营销投入的企业 2017 年毛利润率中位数要高于未进行营销投入的企业，其中进行营销投入的企业 2017 年毛利润率中位数达到了 20%。

表 2－23　2017 年企业毛利润率与是否进行营销投入情况

单位：%

企业是否进行营销投入	毛利润率		
	均值	标准差	中位数
是	24.55	21.60	20
否	20.99	24.28	15

图 2－29 描述了 2017 年企业营业收入的中位数与营销投入占比的关系。按照营销投入占总量的 0～10%、11%～20%、21%～30%、31%～40%、41%～50%、51%～60%、61%～70%、71%～80%、81%～90%、91%～100%，分为 10 组。表 2－24 显示，营销投入占比越大，企业营业收入的中位数整体就越大，其中营销投入占比为 91%～100% 的企业 2017 年营业收入的中位数最高，达到了 2000 万元。

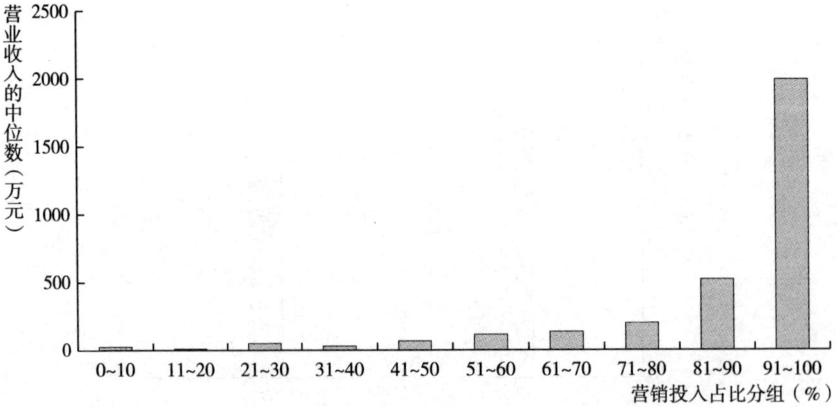

图 2－29　2017 年企业营业收入的中位数与营销投入占比情况

表 2-24　2017 年企业营业收入与营销投入占比情况

营销投入占比分组（%）	企业营业收入（万元）		
	均值	标准差	中位数
0~10	109.69	284.34	27.5
11~20	28.75	47.11	10
21~30	352.22	818.51	50
31~40	230.07	424.06	30
41~50	4129.33	17397.08	68
51~60	284.81	274.95	115
61~70	310.10	508.29	135
71~80	23564.66	135106.40	200
81~90	763.08	1248.89	525
91~100	8595.70	25109.34	2000

图 2-30 描述了 2017 年企业毛利润率中位数与营销投入占比的关系。按照营销投入占总量的 0~10%、11%~20%、21%~30%、31%~40%、41%~50%、51%~60%、61%~70%、71%~80%、81%~90%、91%~100%，分为 10 组。表 2-25 显示营销投入占比与企业 2017 年毛利润率中位数无明显关系。

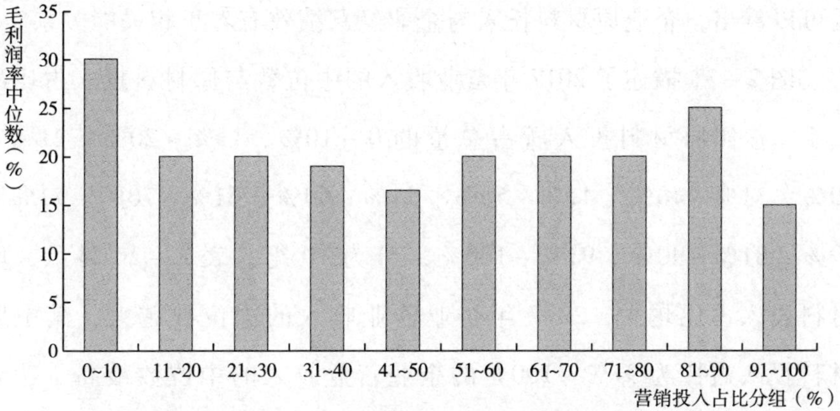

图 2-30　2017 年企业毛利润率中位数与营销投入占比情况

表 2-25　2017 年企业毛利润率与营销投入占比情况

单位：%

营销投入占比分组	毛利润率		
	均值	标准差	中位数
0～10	30.02	24.66	30
11～20	28.67	22.87	20
21～30	23.00	18.26	20
31～40	20.28	16.21	19
41～50	20.57	17.01	16.5
51～60	18.91	15.30	20
61～70	26.39	19.90	20
71～80	27.92	34.53	20
81～90	25.22	16.13	25
91～100	18.72	21.16	15

2.3　制造业投入与经营绩效

2.3.1　原材料投入与经营绩效

本节探讨了企业原材料投入与企业经营绩效的关系，从已有数据可以看出，企业原材料投入与企业经营绩效有着正相关的关系。

图 2-31 描述了 2017 年营业收入的中位数与原材料投入占比的关系。按照原材料投入所占总量的 0～10%、11%～20%、21%～30%、31%～40%、41%～50%、51%～60%、61%～70%、71%～80%、81%～90%、91%～100%，分为 10 组。表 2-26 显示，原材料投入占比越大，2017 年企业营业收入的中位数越大，其中原材料投入占比为 91%～100% 的企业营业收入的中位数最高，达到了 3000 万元。

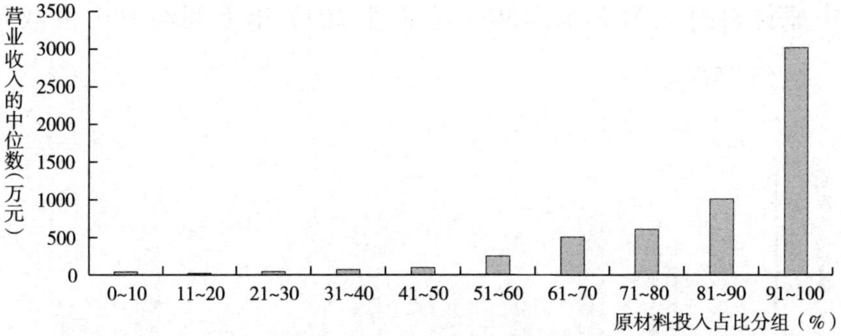

图 2－31　2017 年企业营业收入的中位数与原材料投入占比情况

表 2－26　2017 年企业营业收入与原材料投入占比情况

原材料投入占比分组（%）	企业营业收入（万元）		
	均值	标准差	中位数
0～10	136.50	211.95	40
11～20	50.71	67.85	20
21～30	48.13	31.84	42.5
31～40	162.11	174.15	68
41～50	173.33	131.86	100
51～60	250.00	124.10	250
61～70	525.00	296.41	500
71～80	888.89	637.27	600
81～90	1255.00	730.47	1000
91～100	2988.89	2102.05	3000

图 2－32 描述了 2017 年企业毛利润率中位数与原材料投入占比的关系。按照原材料投入所占总量的 0～10%、11%～20%、21%～30%、31%～40%、41%～50%、51%～60%、61%～70%、71%～80%、81%～90%、91%～100%，分为 10 组。表 2－27 显示，原材料投入占比与 2017 年企业毛利润率中位数无明显关系，

其中原材料投入为21%～30%的企业2017年毛利润率中位数最高，达到25%。

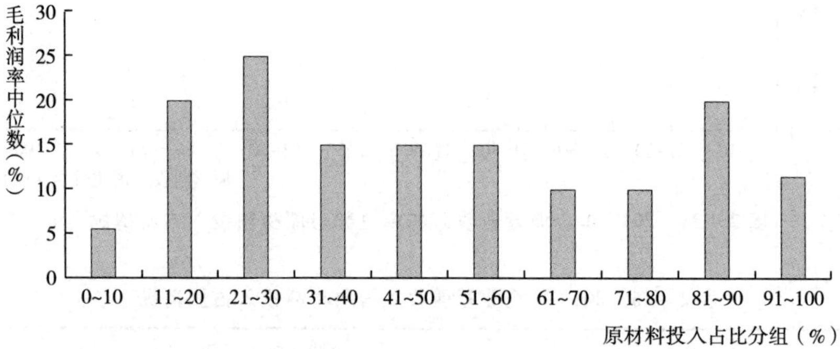

图2－32　2017年企业毛利润率中位数与原材料投入占比情况

表2－27　2017年企业毛利润率与原材料投入占比情况

单位：%

原材料投入占比分组	毛利润率		
	均值	标准差	中位数
0～10	11.83	14.57	5.5
11～20	25.57	23.62	20
21～30	22.75	16.62	25
31～40	11.72	6.68	15
41～50	14.29	10.58	15
51～60	35.67	62.46	15
61～70	14.00	7.55	10
71～80	11.22	6.87	10
81～90	27.72	33.11	20
91～100	13.25	7.59	11.5

2.3.2　生产费用与经营绩效

图2－33描述的是企业水费占比与企业主营业务收入中位数的

关系。按照水费投入占总量之比分布排序，共分为 10 组，分别为 0～10%、11%～20%、21%～30%、31%～40%、41%～50%、51%～60%、61%～70%、71%～80%、81%～90%、91%～100%。如表 2－28 所示，企业主营业务收入中位数在水费占比为81%～90%时最高，达到 185 万元，随后是 91%～100%组，主营业务收入中位数为 96 万元，排在第三位的是 61%～70%组，主营业务收入中位数达到 80 万元。主营业务收入中位数最小的是 11%～20%组，为 17.5 万元。

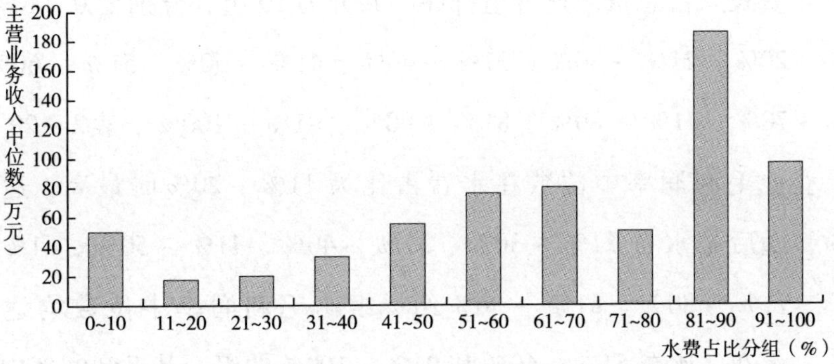

图 2－33　企业水费占比与主营业务收入中位数情况

表 2－28　企业水费占比与主营业务收入情况

水费占比分组（%）	主营业务收入（万元）		
	均值	标准差	中位数
0～10	1082.72	7513.94	50
11～20	1067.94	5990.03	17.5
21～30	93.78	270.74	20
31～40	245.35	664.64	33
41～50	129.55	170.51	55
51～60	387.24	732.74	76

续表

水费占比分组（%）	主营业务收入（万元）		
	均值	标准差	中位数
61～70	1163.96	4314.47	80
71～80	329.38	800.08	50
81～90	484.66	653.15	185
91～100	14521.21	105902.50	96
合计	1910.41	33357.20	50

图2－34描述的是企业水费占比与企业毛利润率中位数的关系。按照水费投入占总量之比分组排序，共分为10组，分别为0～10%、11%～20%、21%～30%、31%～40%、41%～50%、51%～60%、61%～70%、71%～80%、81%～90%、91%～100%。表2－29显示，企业毛利润率中位数在水费占比为11%～20%时最高，达到25%，随后是水费21%～30%、31%～40%、41%～50%、61%～70%、71%～80%、81%～90%组，组内毛利润率中位数均达到20%，水费占比在51%～60%和91%～100%的组，其毛利润率中位数为18%，毛利润率中位数最低的是0～10%组，为15%。

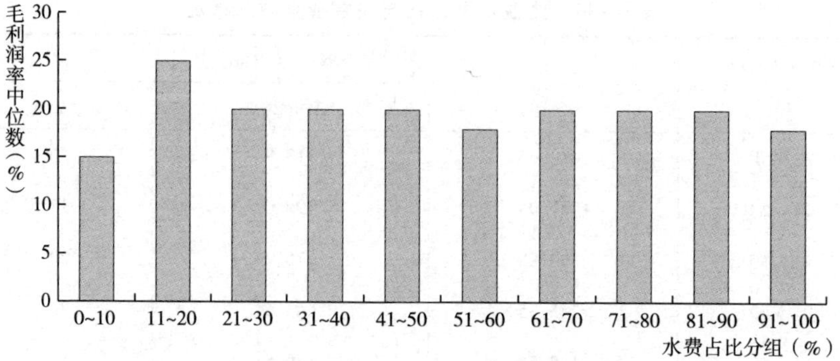

图2－34　企业水费占比与毛利润率中位数情况

表 2－29　企业水费占比与毛利润率情况

单位：%

水费占比分组	毛利润率		
	均值	标准差	中位数
0～10	20.41	22.47	15
11～20	22.45	20.17	25
21～30	20.46	17.58	20
31～40	30.94	33.81	20
41～50	22.47	16.26	20
51～60	20.81	16.45	18
61～70	22.71	19.62	20
71～80	24.78	23.41	20
81～90	24.54	17.14	20
91～100	19.29	15.49	18
合计	22.93	21.23	20

图 2－35 描述的是企业电费占比与主营业务收入中位数的关系。按照电费投入占总量之比分布排序，共分为 10 组，分别为 0～10%、11%～20%、21%～30%、31%～40%、41%～50%、51%～60%、61%～70%、71%～80%、81%～90%、91%～100%。从总体上看，企业主营业务收入随电费的增加逐渐增加。表 2－30 显示，企业主营业务收入中位数在电费占比为 81%～90% 和 91%～100% 时最高，均为 300 万元。随后是电费 61%～70% 和 71%～80% 组，主营业务收入中位数为 100 万元，排在第三位的是 51%～60% 组，主营业务收入中位数达到 80 万元。

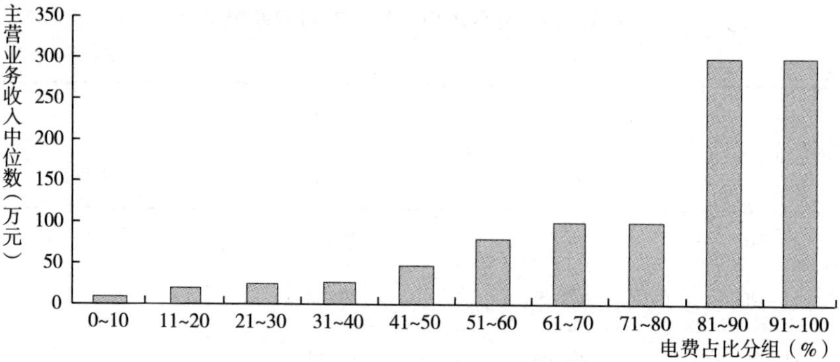

图 2－35　企业电费占比与主营业务收入中位数情况

表 2－30　企业电费占比与主营业务收入情况

电费占比分组（%）	主营业务收入（万元）		
	均值	标准差	中位数
0～10	48.27	136.00	9.2
11～20	649.77	4602.94	20
21～30	66.08	148.32	25
31～40	1403.27	9512.86	27
41～50	191.47	419.16	47.5
51～60	434.89	1132.29	80
61～70	608.60	1307.12	100
71～80	858.53	3897.74	100
81～90	689.00	1126.04	300
91～100	16089.12	103386.30	300
合计	2022.74	32467.26	50

图 2－36 描述的是企业电费占比与毛利润率中位数的关系。按照电费投入占总量之比分布排序，共分为 10 组，分别为 0～10%、11%～20%、21%～30%、31%～40%、41%～50%、51%～60%、61%～70%、71%～80%、81%～90%、91%～100%。表 2－31 显示，其中企业毛利润率中位数在电费占比为 11%～20%、21%～30%、31%～40%、51%～60%、61%～

70%、71%～80%、81%～90%时最高，均达到20%；其次是电费占比为41%～50%组，其毛利润率中位数为17.5%；毛利润率中位数最低的为电费占比0～10%组，其毛利润率中位数为10%。

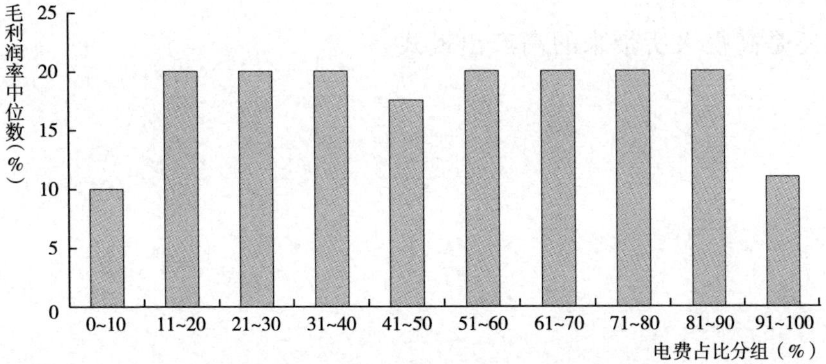

图 2-36 企业电费占比与毛利润率中位数情况

表 2-31 企业电费占比与毛利润率情况

单位：%

电费占比分组	毛利润率		
	均值	标准差	中位数
0～10	21.43	25.67	10
11～20	23.94	20.17	20
21～30	21.20	16.83	20
31～40	24.36	20.17	20
41～50	20.46	17.38	17.5
51～60	26.23	27.45	20
61～70	23.60	20.89	20
71～80	24.72	24.15	20
81～90	23.60	17.63	20
91～100	16.62	14.17	11
合计	22.59	20.92	20

总之，增加研发、营销以及固定资产投资，可以提升企业的经营绩效（如营业收入或者毛利润率）。当然，绩效较好的企业，与生产相关的费用（如水费、电费等）也较高。由此推演，广东的企业中，高收益和低成本的经营模式似乎并不存在，更多的情况还是高投入所带来的高产出模式。

第 3 章　企业家政治资源和创业成长

本章旨在分析政治资源在企业家或企业发展过程中的作用，主要是对企业家本人或企业能直接利用的资源方面的阐述，包括企业家是否拥有政治资源，以及本人是否主动了解并享用政治资源。

3.1　政治资源与创业选择

图 3－1 描述了首次创业[①]时企业家是否有熟人在政府工作和创业次数的关系。创业次数可以分为 10 组，分别为 1 次、2 次、3 次、4 次、

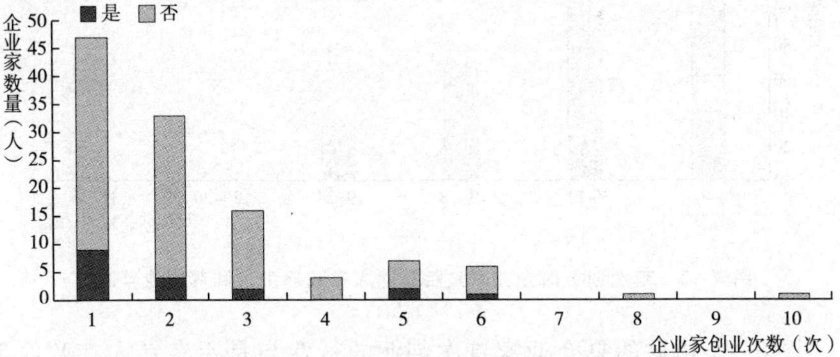

图 3－1　首次企业时企业家是否有熟人在政府工作和企业家创业次数

① 首次创业，简称首创，也叫第一次创业，具体指样本企业的企业家所创建的第一家企业。初创企业在本书中指的是被抽中的，正在经营的这家样本企业。

5 次、6 次、7 次、8 次、9 次、10 次。图 3－1 显示，首次创业时没有熟人在政府工作的企业家人数远大于首次创业时有熟人在政府工作的企业家人数。首次创业时有熟人在政府工作的企业家，其创业次数为 1 次的最多，其次是 2 次。

图 3－2 描绘的是企业家首次创业时是否有熟人在政府工作和其创业年限情况。创业年限分为 6 组，分别是 1～6 年、7～12 年、13～18年、19～24 年、25～30 年、31～36 年。图 3－2 显示，首次创业时没有熟人在政府工作的企业家人数远多于首次创业时有熟人在政府工作的企业家人数。在首次创业时有熟人在政府工作的企业家中，创业年限为 7～12 年的企业家最多，其次为创业年限为 1～6 年的企业家，其数量依次为 17 人、14 人；在没有熟人在政府工作的企业家中，创业年限为 7～12 年的企业家最多，其次为创业年限为 1～6 年的，其数量分别是 102 人、99 人。

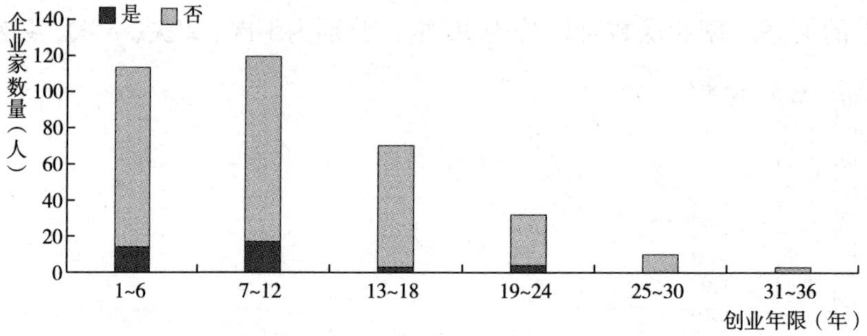

图 3－2　首次创业时企业家是否有熟人在政府工作和其创业年限

图 3－3 描述的是企业家首次创业的行业与是否有熟人在政府工作的情况。企业所属行业分为 15 组，分别为农林牧渔业；制造业；电力、热力、燃气及水生产和供应业；房屋建筑、土木工程建筑、

建筑安装、建筑装饰和装修业；批发零售业；交通运输、仓储和邮政业；住宿和餐饮业；信息传输、软件和信息技术服务业；金融业；房地产业；租赁和商务服务业；科学研究和技术服务业；水利、环境和公共设施管理业；居民服务、修理和其他服务业；教育、卫生、社会工作、文化、体育和娱乐业。图 3－3 显示，首次创业时没有熟人在政府工作的企业家人数远多于首次创业时有熟人在政府工作的企业家人数。首次创业时有熟人在政府工作的企业所属行业以批发零售业为最多，其人数为 11 人；首次创业时有熟人在政府工作的企业所属行业以教育、卫生、社会工作、文化、体育和娱乐业为其次，其数量是 8 人。首次创业时没有熟人在政府工作的企业所属行业以住宿和餐饮业为其次，然后是制造业，其数量分别是 51 人、49 人。

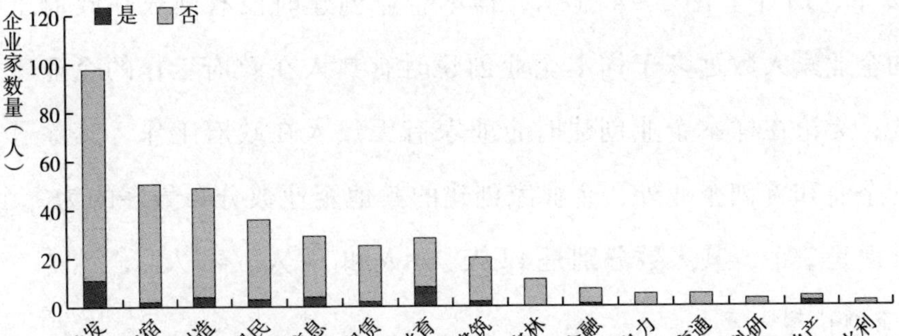

图 3－3 企业家首次创业的行业与是否有熟人在政府工作情况

注：行业简称与全称信息参见附录 1。

表 3－1 描述的是企业家首次创业时是否有熟人在政府工作以及首创企业注册地址是否在本地的情况。表 3－1 显示，首次创业时没有熟人在政府工作的企业家人数远多于首次创业时有熟人在政府工作的企业家人数。首创企业注册地址在本地的数量多于首

创企业注册地址不在本地的数量。

表 3－1　首创时是否有熟人在政府工作和首创企业注册地址是否在本地的情况

单位：人

首创企业注册地址是否在本地	首次创业时是否有熟人在政府工作	
	是	否
是	25	219
否	16	122

图 3－4 描述的是样本企业创建时企业家是否有熟人在政府工作及除了初创企业和首创企业外企业家创建的其他企业数的情况，除了初创企业和首创企业外创建的其他企业数分为 13 组，分别是 1 个、2 个、3 个、4 个、5 个、6 个、7 个、8 个、9 个、10 个、11 个、12 个、13 个。图 3－4 显示，样本企业创建时没有熟人在政府工作的企业家人数远多于样本企业创建时有熟人在政府工作的企业家人数；无论在样本企业创建时企业家有无熟人在政府工作，其除了初创企业和首创企业外，企业家创建的其他企业数分布最多的为 1 个，其次是 2 个，其人数分别是 12 人、8 人和 74 人、40 人。

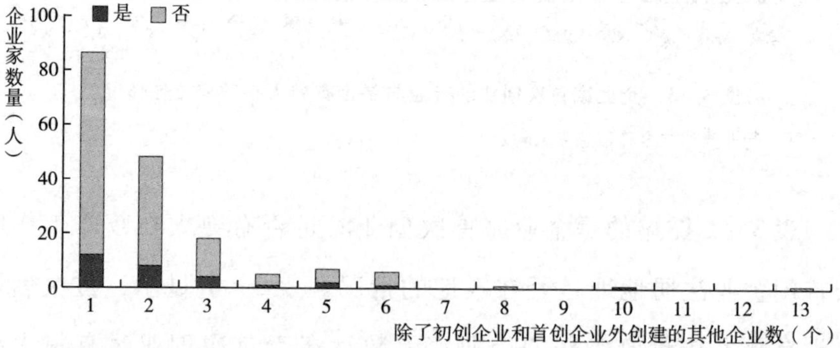

图 3－4　首创时是否有熟人在政府工作及除初创企业和首创企业外创建的其他企业数

图 3－5 描述的是样本企业创建时是否有熟人在政府工作与创业年限的情况。创业年限分为 6 组，分别是 1～6 年、7～12 年、13～18 年、19～24 年、25～30 年、31～36 年。图 3－5 显示，样本企业创建时没有熟人在政府工作的企业家人数远多于样本企业创建时有熟人在政府工作的企业家人数。在样本企业创建时有熟人在政府工作和没有熟人在政府工作的企业家中，其创业年限为 7～12 年的最多，其次为创业年限1～6年的，其数量分别是 116 人、104 人。

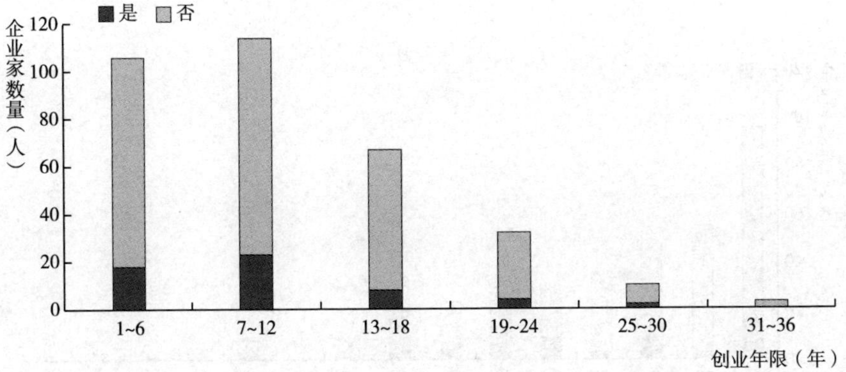

图 3－5　企业家是否有熟人在政府工作与该样本企业创业年限情况

图 3－6 描述的是样本企业创建时所属行业及企业家是否有熟人在政府工作情况。企业所属行业分为 15 组，分别为农林牧渔业；制造业；电力、热力、燃气及水生产和供应业；房屋建筑、土木工程建筑、建筑安装、建筑装饰和装修业；批发零售业；交通运输、仓储和邮政业；住宿和餐饮业；信息传输、软件和信息技术服务业；金融业；房地产业；租赁和商务服务业；科学研究和技术服务业；水利、环境和公共设施管理业；居民服务、修理和其他服务

业；教育、卫生、社会工作、文化、体育和娱乐业。图 3－6 显示，样本企业创建时没有熟人在政府工作的企业家人数远多于首次创业时有熟人在政府工作的企业家人数；无论样本企业创建时有无熟人在政府工作，其所属行业均以批发零售业最多，其数量分别是 16 人、80 人。样本企业中，创建时有熟人在政府工作的企业所属行业以信息传输、软件和信息技术服务业为其次，其数量为 9 人；样本企业中，创建时没有熟人在政府工作的企业所属行业以住宿和餐饮业为其次，然后是制造业，其数量分别是 52 人、41 人。

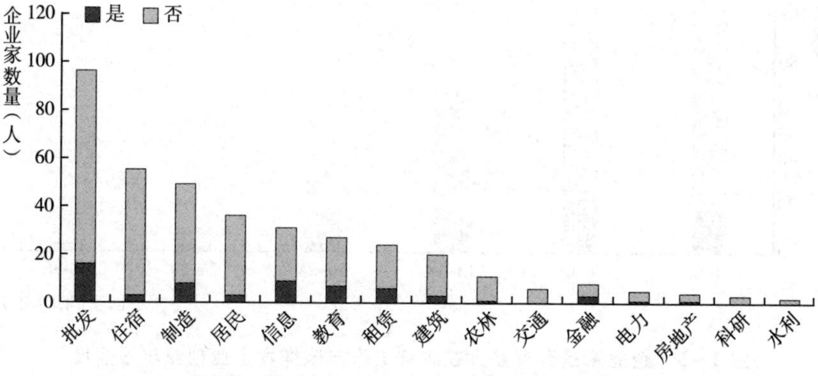

图 3－6　企业初创时所属行业及是否有熟人在政府工作的情况

注：行业简称与全称信息参见附录 1。

表 3－2 描述的是首创企业注册地址是否在本地及样本企业创建时是否有熟人在政府工作的情况。表 3－2 显示，样本企业中，创建时没有熟人在政府工作的企业家人数远多于样本企业创建时有熟人在政府工作的企业家人数；首创企业注册地址在本地的数量大于首创企业注册地址不在本地的数量。

表 3－2　企业首创时是否有熟人在政府工作和首创企业注册地址是否在本地的情况

单位：人

首创企业注册地址是否在本地	样本企业创建时是否有熟人在政府工作	
	是	否
是	38	194
否	24	111

图 3－7 描述的是企业家创建企业个数与其是否在政府工作过的情况。创建企业个数分为 10 组，分别是 1 个、2 个、3 个、4 个、5 个、6 个、7 个、8 个、9 个、10 个。图 3－7 显示，在政府工作过的企业家数量多于没有在政府工作过的企业家数量；除了初创企业和首创企业外在政府工作过和没有在政府工作过的企业家创建的其他企业数以 1 个为最多，2 个为其次，其数量分别是 58 人、18 人；28 人、8 人。

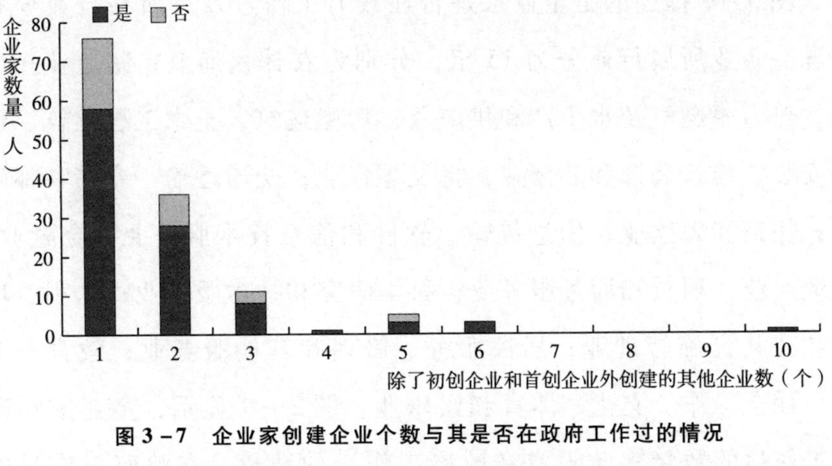

图 3－7　企业家创建企业个数与其是否在政府工作过的情况

图 3－8 描述的是企业家是否在政府工作过和其创业年限情况。创业年限分为 6 组，分别是 1～6 年、7～12 年、13～18 年、19～24 年、25～30 年、31～36 年。图 3－8 显示，在政府工作过的企

业家数量多于没有在政府工作过的企业家数量；在政府工作过的企业家以创业年限为1～6年的最多，其次是7～12年，其人数分别是66人、64人；没有在政府工作过的企业家以创业年限为7～12年最多，其次是1～6年，其人数分别是23人、12人。

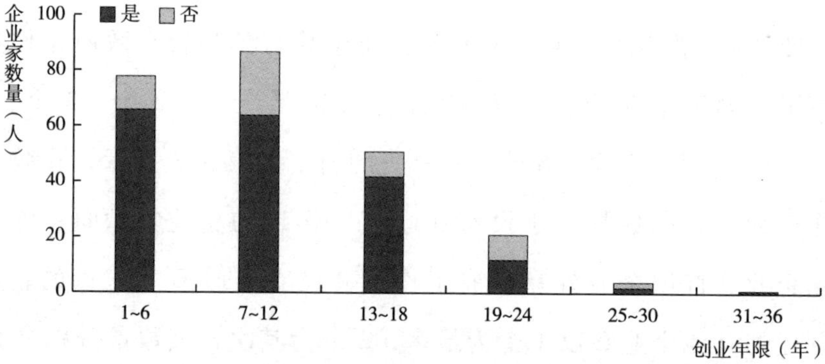

图3－8　企业家是否在政府工作过和其创业年限情况

图3－9描述的是企业家是否在政府工作过及其所在行业分布情况。企业所属行业分为15组，分别为农林牧渔业；制造业；电力、热力、燃气及水生产和供应业；房屋建筑、土木工程建筑、建筑安装、建筑装饰和装修业；批发零售业；交通运输、仓储和邮政业；住宿和餐饮业；信息传输、软件和信息技术服务业；金融业；房地产业；租赁和商务服务业；科学研究和技术服务业；水利、环境和公共设施管理业；居民服务、修理和其他服务业；教育、卫生、社会工作、文化、体育和娱乐业。图3－9显示，企业家在政府工作过的数量多于没有在政府工作过的数量。在政府工作过的企业家企业所属行业以批发零售业为最多，其次是制造业，其人数分别是49人、35人；没有在政府工作过的企业家企业所属行业以教育、卫生、社会工作、文化、体育和娱乐业最多，其次是批发

零售业，其人数分别是 11 人、10 人。

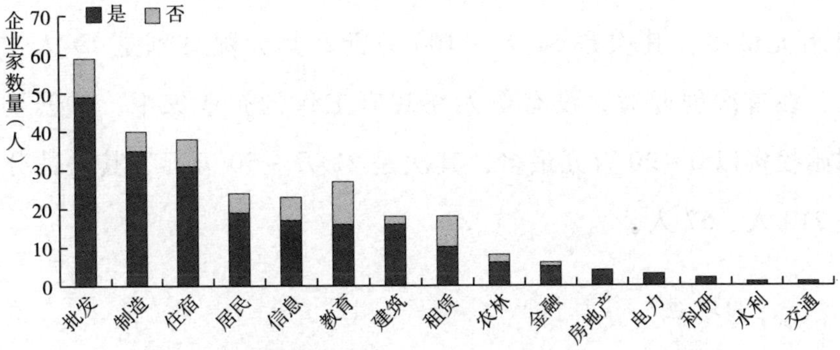

图 3－9　企业家是否在政府工作过及其所在行业分布情况

注：行业简称与全称信息参考附录 1。

表 3－3 表示首次创业时企业家是否有熟人在政府工作和首创企业注册地址是否在本地的关系。结果显示，首次创业时没有熟人在政府工作的企业家数量高于有熟人在政府工作的企业家数量。并且，有熟人在政府工作的企业家中，首创企业注册地址多为本地。

表 3－3　首次创业时是否有熟人在政府工作和首创企业注册地址是否在本地的关系

单位：人

首创企业注册地址是否在本地	首次创业时是否有熟人在政府工作	
	是	否
是	24	203
否	16	118

图 3－10 描述的是首次创业时企业家是否有熟人在政府工作和首创企业初始投资情况。首创企业初始投资情况分为 5 组，分别是 0～20 万元、21 万～50 万元、51 万～100 万元、101 万～300 万元、301 万～2000 万元。图 3－10 显示，首次创业时没有熟人在政

府工作过的企业家人数大于有熟人在政府工作过的企业家人数。在企业家首次创业时，有熟人在政府工作的企业的初始投资以0～20万元最多，其次是51万～100万元，其人数分别是19人、14人；在首次创业时，没有熟人在政府工作的企业家中，首创企业初始投资以0～20万元最多，其次是21万～50万元，其人数分别是210人、57人。

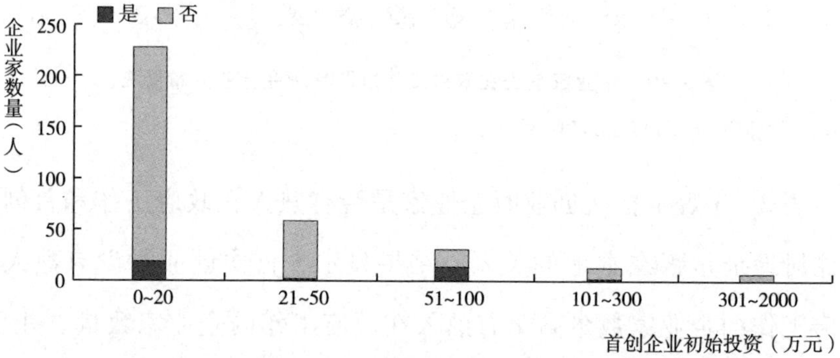

图3－10　首次创业时是否有熟人在政府工作及首创企业初始投资情况

图3－11描述的是样本企业创建时企业家是否有熟人在政府工作和首创企业的初始投资情况。首创企业初始投资情况分为5组，分别是0～20万元、21万～50万元、51万～100万元、101万～300万元、301万～2000万元。图3－11显示，样本企业创建时没有熟人在政府工作的数量大于有熟人在政府工作的数量。样本企业创建时有熟人在政府工作的企业家，其首次创办企业时初始投资以0～20万元最多，其次为51万～100万元，其人数分别是28人、13人；样本企业创建时没有熟人在政府工作的企业家，其首次创办企业时的投资集中于0～20万元，其次为21万～50万元，其人数分别是199人、48人。

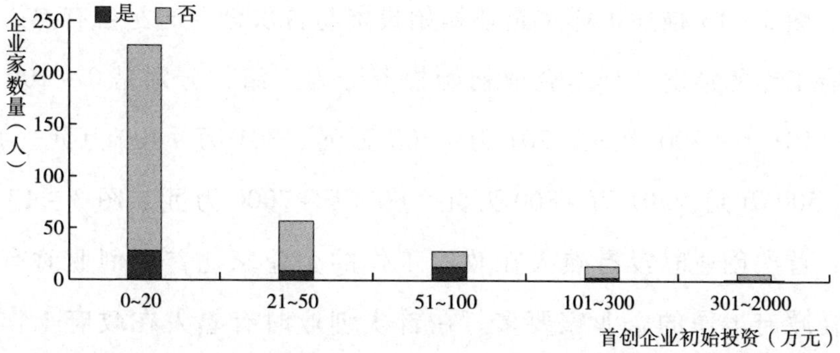

图 3 – 11　样本企业创建时企业家是否有熟人在政府工作和首创企业初始投资情况

图 3 – 12 描述了企业家是否在政府工作过和首创企业初始投资情况。首创企业初始投资情况分为 5 组，分别是 0 ~ 20 万元、21 万 ~ 50 万元、51 万 ~ 100 万元、101 万 ~ 300 万元、301 万 ~ 2000 万元。图 3 – 12 显示，企业家在政府工作过的数量大于没有在政府工作过的数量。在政府工作过的企业家中，其首创企业初始投资主要集中于0 ~ 20 万元，其次为 21 万 ~ 50 万元，其人数分别是 130 人、39 人；没有在政府工作过的企业家中，其首创企业初始投资以 0 ~ 20 万元为最多，其次为 21 万 ~ 50 万元，其人数分别是 31 人、9 人。

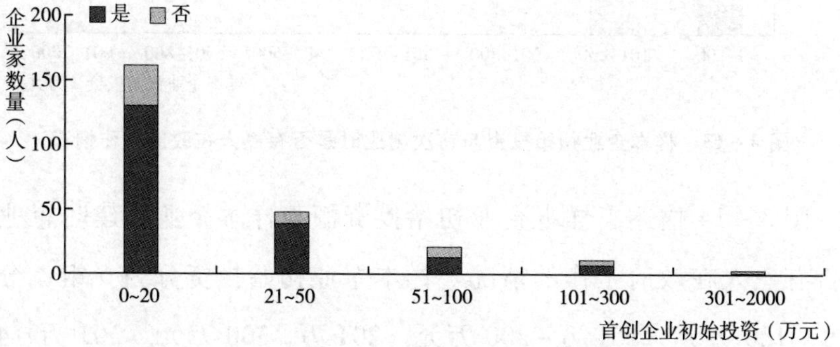

图 3 – 12　企业家是否在政府工作过和首创企业初始投资情况

图 3-13 描述了样本企业初始投资与首次创业时是否有熟人在政府工作的情况，样本企业初始投资分为 7 组，分别是 0～100 万元、101 万～200 万元、201 万～300 万元、301 万～400 万元、401 万～500 万元、501 万～800 万元、801 万～7000 万元。图 3-13 显示，首次创业时没有熟人在政府工作的企业家比首次创业时有熟人在政府工作的企业家要多。在首次创业时有熟人在政府工作的企业家中，其初始投资最多分布在 0～100 万元，其次为 101 万～200 万元，其人数分别是 27 人、8 人；在首次创业时没有熟人在政府工作的企业家中，其初始投资最多分布在 0～100 万元，其次为 101 万～200 万元，其人数分别是 253 人、24 人。

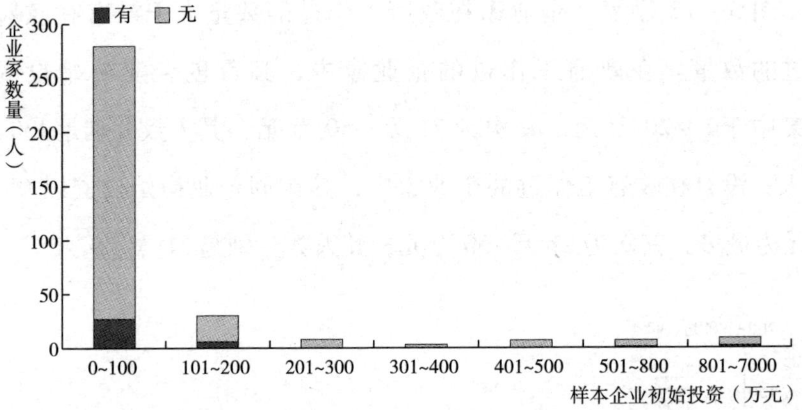

图 3-13 样本企业初始投资与首次创业时是否有熟人在政府工作情况

图 3-14 描述了样本企业初始投资额与样本企业创建时企业家是否有熟人在政府工作的情况。样本企业初始投资分为 6 组，分别是 0～100 万元、101 万～200 万元、201 万～300 万元、301 万～400 万元、401 万～500 万元、500 万元以上。如图 3-14 所示，样本企业初始投资额主要分布在 0～100 万元，企业创建时企业家没有熟

人在政府工作的有 609 人，企业创建时企业家有熟人在政府工作的有 62 人；样本企业初始投资在 500 万元以上的企业家中，企业创建时没有熟人在政府工作的有 125 人，企业创建时有熟人在政府工作的有 19 人。

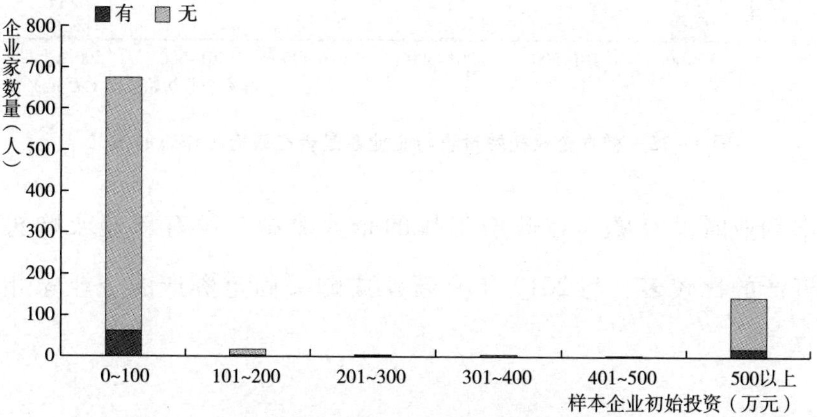

图 3－14　样本企业初始投资额与样本企业创建时企业家是否有熟人在政府工作的情况

图 3－15 描述了样本企业初始投资与企业家是否在政府工作过的情况。样本企业初始投资分为 6 组，分别是 0～100 万元、101 万～200 万元、201 万～300 万元、301 万～400 万元、401 万～500 万元、500 万元以上。如图 3－15 所示，样本企业初始投资额主要分布在 0～100 万元，企业家在企业创建时没有在政府工作过的有 512 人，企业家在企业创建时在政府工作过的有 36 人；样本企业初始投资在 500 万元以上的企业家中，有 96 人没有在政府工作过，有 6 人在政府工作过。

从表 3－4 可以看出，首次创业时有熟人在政府工作的企业家中，2017 年有和没有新建或购买固定资产的企业家数量相同，而

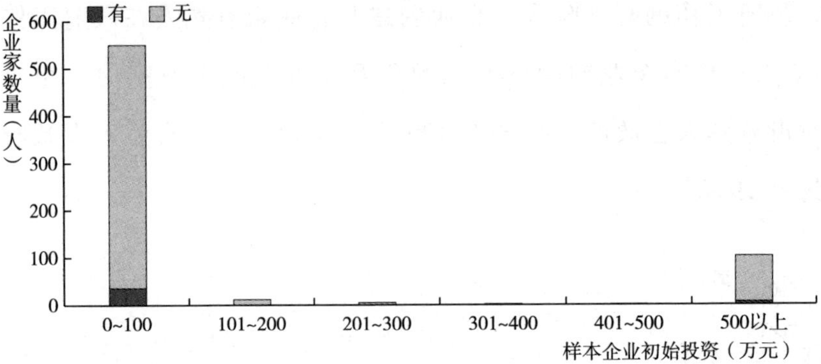

图 3－15　样本企业初始投资与企业家是否在政府工作过的情况

首次创业时没有熟人在政府工作的企业家中，没有新建或购买固定资产的比较多，与 2017 年有新建或购买固定资产的企业家相差 96 人。

表 3－4　2017 年有无新建或购买固定资产与首创时是否有熟人在政府工作情况

单位：人

2017 年是否有新建或购买固定资产	首次创业时是否有熟人在政府工作	
	是	否
是	19	110
否	19	206

图 3－16 描述了企业家 2017 年新建或购买固定资产价值与其首次创业时是否有熟人在政府工作的情况。企业家新建或购买固定资产价值分为 6 组，分别是 0～10 万元、11 万～50 万元、51 万～100 万元、101 万～200 万元、201 万～400 万元、401 万～2400 万元。图 3－16 显示，企业家首次创业时没有熟人在政府工作的数量比首次创业时有熟人在政府工作的要多，

其中，首次创业时没有熟人在政府工作的企业家中，2017 年新建或购买固定资产价值区间主要分布在 0 ~ 10 万元，其次为 51 万 ~ 100 万元，其人数分别是 218 人、97 人；在首次创业时有熟人在政府工作的企业家中，2017 年新建或购买固定资产价值区间主要分布在 0 ~ 10 万元，其次是 51 万 ~ 100 万元，其人数分别是 25 人、21 人。

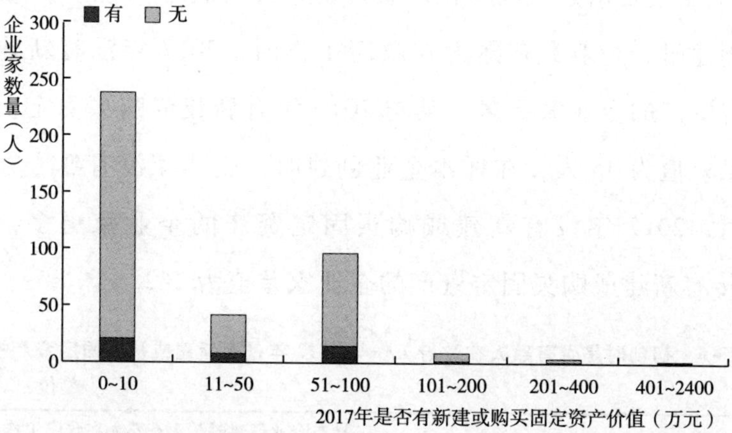

图 3 - 16　2017 年新建或购买固定资产价值与其首创时是否有熟人在政府工作情况

表 3 - 5 描述了企业家首次创业时是否有熟人在政府工作与 2017 年是否承接过国企项目的情况。表 3 - 5 显示，在有熟人在政府工作的企业家中，2017 年承接过国企项目的人数更少，与没有承接过国企项目的企业家差值为 20 人。在没有熟人在政府工作的企业家中，2017 年承接过国企项目的人数同样更少，与没有承接过国企项目的企业家差值为 245 人。

表 3－5　首创时是否有熟人在政府工作与 2017 年是否承接过国企项目情况

单位：人

2017 年是否承接过国企项目	首次创业时是否有熟人在政府工作	
	是	否
是	9	37
否	29	282

表 3－6 描述了样本企业创建时企业家是否有熟人在政府工作与 2017 年是否新建或购买固定资产的情况。表 3－6 显示，在样本企业创建时，企业家有熟人在政府工作时，2017 年没有新建或购买固定资产的企业家更多，其与 2017 年有新建或购买固定资产的企业家差值为 35 人；在样本企业创建时，企业家没有熟人在政府工作时，2017 年没有新建或购买固定资产的企业家更多，其与 2017 年有新建或购买固定资产的企业家差值为 262 人。

表 3－6　初创时是否有熟人在政府工作与 2017 年是否新建或购买固定资产情况

单位：人

2017 年是否有新建或购买固定资产	样本企业创建时是否有熟人在政府工作	
	是	否
是	36	290
否	71	552

图 3－17 描述了企业家 2017 年新建或购买固定资产价值与样本企业创建时该企业家是否有熟人在政府工作的情况。企业家新建或购买固定资产价值分为 6 组，分别是 0～5 万元、6 万～10 万元、11 万～50 万元、51 万～100 万元、101 万～400 万元、401 万～2400 万元。图 3－17 显示，没有熟人在政府工作的企业家数量大于有熟人在政府工作的企业家数量，有熟人在政府工作的企业家中，其 2017 年新建或购买固定资产价值分布区间最多在 0～5 万

元，其次是 11 万~50 万元，其人数分别是 73 人、12 人。没有熟人在政府工作的企业家中，其 2017 年新建或购买固定资产价值分布区间最多在 0 ~5 万元，其次是 11 万~50 万元，其人数分别是 657 人、81 人。

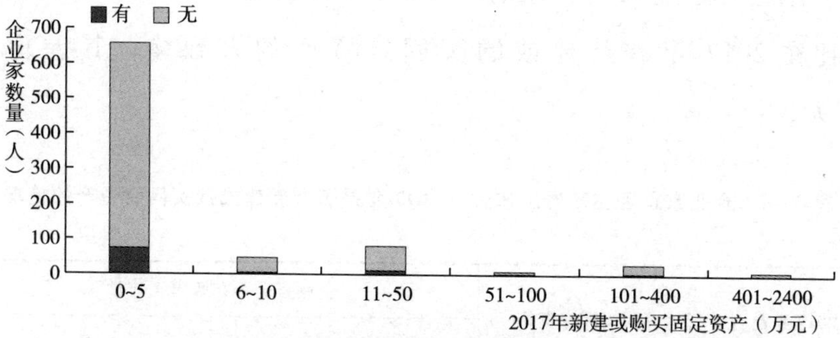

图 3 –17　2017 年新建或购买固定资产价值与样本企业创建时是否有熟人在政府工作

表 3 –7 描述了样本企业创建时企业家是否有熟人在政府工作与其在 2017 年是否承接过国企项目的情况。表 3 –7 显示，样本企业创建时有熟人在政府工作的企业家中，2017 年承接过国企项目人数比 2017 年没有承接过国企项目的数量少，差值为 40 人；样本企业创建时没有熟人在政府工作的企业家中，2017 年承接过国企项目的人数比 2017 年没有承接过国企项目的数量少，差值为 668 人。

表 3 –7　初创时是否有熟人在政府工作与 2017 年是否承接过国企项目情况

单位：人

2017 年是否承接过国企项目	样本企业创建时是否有熟人在政府部门工作	
	是	否
是	34	87
否	74	755

表3－8描述了企业家是否在政府工作过与其在2017年是否有新建或购买固定资产的情况。表3－8显示，在政府工作过的企业家中，没有在2017年新建或购买固定资产的人数比在2017年有新建或购买固定资产的人数多，其差值为170人。没有在政府工作过的企业家中，没有在2017年新建或购买固定资产的人数比在2017年有新建或购买固定资产的人数多，其差值为34人。

表3－8　企业家是否在政府工作过与2017年是否有新建或购买固定资产的情况

单位：人

2017年是否有新建或购买固定资产	企业家是否在政府工作过	
	是	否
是	238	37
否	408	71

图3－18描述了企业家新建或购买固定资产价值与其是否在政府工作过的情况。企业家新建或购买固定资产价值分为6组，分别是0～5万元、6万～10万元、11万～50万元、51万～100万元、101万～400万元、401万～2400万元。图3－18显示，在政府工作过的企业家人数远大于没有在政府工作过的企业家人数，在政府工作过的企业家中，其新建或购买固定资产价值最多分布在0～5万元，其次为11万～50万元，其人数分别为434人、57人；没有在政府工作过的企业家中，其新建或购买固定资产价值最多分布在0～5万元，其次是51万～100万元，其人数分别为80人、20人。

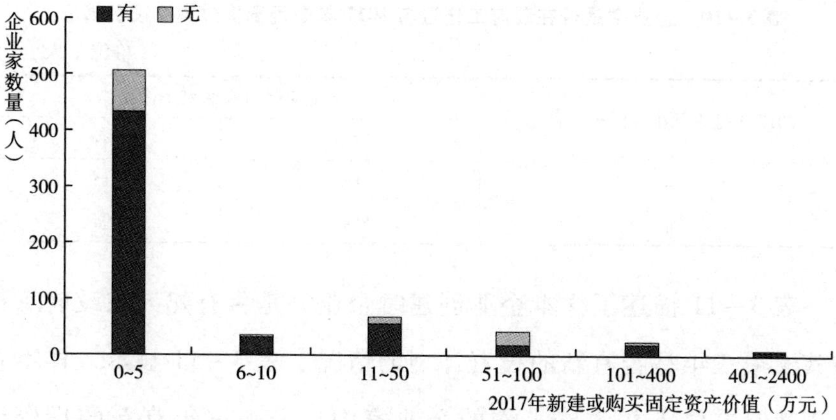

图 3－18　2017 年新建或购买固定资产价值与企业家是否在政府工作过的情况

表 3－9 描述了企业家首次创业时是否有熟人在政府工作与未来三年是否有新的投资计划的情况。表 3－9 显示，在未来三年有新的投资计划的企业中，首次创业时没有熟人在政府工作的企业家远多于首次创业时有熟人在政府工作的企业家，其差值为 90 人。

表 3－9　首创时是否有熟人在政府工作与未来三年是否有新的投资计划

单位：人

未来三年是否有新的投资计划	首创时是否有熟人在政府工作	
	是	否
是	23	113
否	5	103

表 3－10 描述了企业家是否在政府工作过与 2017 年是否承接过国企项目的情况。表 3－10 显示，在政府工作过的企业家在 2017 年承接过国企项目的人数多于没有在政府工作过的企业家，其差值为 71 人。

表 3－10　企业家是否在政府工作过与 2017 年是否承接过国企项目情况

单位：人

2017 年是否承接过国企项目	企业家是否在政府工作过	
	是	否
是	86	15
否	554	94

表 3－11 描述了样本企业创建时企业家是否有熟人在政府工作与其未来三年是否有新的投资计划的情况。表 3－11 显示，样本企业创建时有熟人在政府工作的企业家中，未来三年有新的投资计划的人数远低于样本企业创建时没有熟人在政府工作的人数，其差值为 219 人。

表 3－11　企业初创时是否有熟人在政府工作与未来三年是否有新的投资计划情况

单位：人

未来三年是否有新的投资计划	样本企业创建时是否有熟人在政府工作	
	是	否
是	63	282
否	31	269

表 3－12 描述的是企业家未来三年是否有新的投资计划与首次创业时是否有熟人在政府工作的情况。企业家未来三年是否有新的投资计划分为两组，分别为有新的投资计划和没有新的投资计划。首次创业时是否有熟人在政府工作分为两组，分别为有熟人在政府工作和没有熟人在政府工作。表 3－12 显示，首次创业时没有熟人在政府工作的企业家人数远多于首次创业时有熟人在政府工作的企业家人数，未来三年有新的投资计划人数多于未来三年没有新的投资计划的企业家人数。首次创业时有熟人在政府工作且未来三年有新的投资计划的企业家数量显著低于没有熟人在政

府工作且未来三年没有新的投资计划的企业家数量，且差值为 80 人。

表 3－12　未来三年是否有新的投资计划和首创时是否有熟人在政府工作的情况

单位：人

未来三年是否有新的投资计划	首次创业时是否有熟人在政府工作	
	是	否
是	23	113
否	5	103

表 3－13 为企业未来三年是否有投资计划与企业家创业时是否有熟人在政府工作的关系。企业未来三年是否有新的投资计划分为两组：有计划和无计划。企业家人群分为两组：有熟人在政府工作和没有熟人在政府工作。表 3－13 显示，企业家创业时没有熟人在政府工作的数量远多于有熟人在政府工作的企业家数量。未来三年有新的投资计划的企业家人数多于未来三年没有新的投资计划的企业家人数。对于创业时有熟人在政府工作的企业家而言，未来三年有新的投资计划的人数高于未来三年没有新的投资计划的人数，且差值为 32 人。

表 3－13　企业未来三年是否有投资计划和企业家创业时是否有熟人在政府工作的情况

单位：人

未来三年是否有新的投资计划	样本企业创建时是否有熟人在政府工作	
	是	否
是	63	282
否	31	269

表 3－14 描述的是企业家未来三年是否有新的投资计划和是否

在政府工作过的情况。企业家未来三年是否有新的投资计划分为两组，分别为有新的投资计划和没有新的投资计划。企业家是否在政府工作过分为两组，分别为在政府工作过和没有在政府工作过。表3－14显示，在政府工作过的企业家人数多于没有在政府工作过的企业家人数，未来三年有新的投资计划的人数多于未来三年没有新的投资计划的人数，企业家在政府工作过且未来三年有新的投资计划的数量多于企业家没有在政府工作过且未来三年没有新的投资计划的数量，且差值为209人。

表3－14　企业家未来三年是否有新的投资计划和是否在政府工作过的情况

单位：人

未来三年是否有新的投资计划	企业家是否在政府工作过	
	是	否
是	243	42
否	199	34

图3－19描述的是企业家创业次数与企业家家人有政府资源的企业数量情况。企业家创业次数，共分为8组，分别为0次、1次、2次、3次、4次、6次、7次、9次。图3－19显示，创业次数为0次的企业家家人有政府资源的企业数量最多，为82个，其次是创业次数为1次的企业家家人有政府资源的企业数量，为62个。

图3－20描述的是企业家创业次数与企业家家人无政府资源的企业数量情况。企业家创业次数，共分为10组，分别为0次、1次、2次、3次、4次、5次、6次、7次、11次、13次。图3－20显示，创业次数为0次的企业家家人无政府资源的企业数量最多，

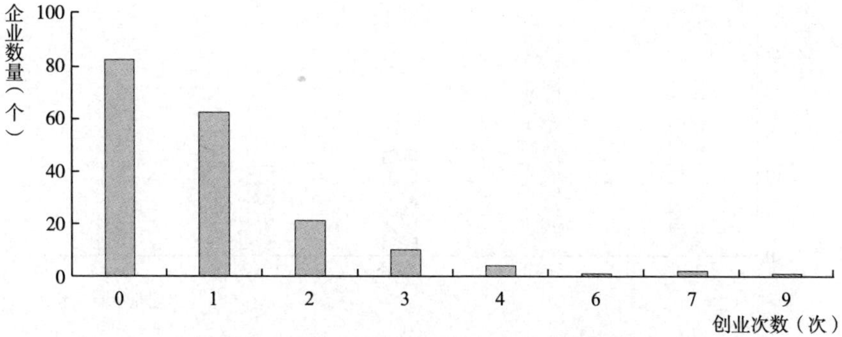

图 3－19　企业家创业次数与企业家家人有政府资源的企业数量情况

为 533 个，其次是创业次数为 1 次的企业家家人无政府资源的企业数量，为 267 个。

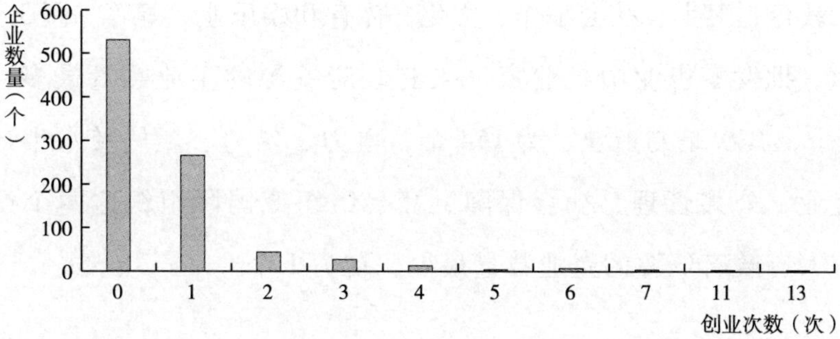

图 3－20　企业家创业次数与企业家家人无政府资源的企业数量情况

图 3－21 描述的是企业家不同创业年限和企业家家人有政府资源的企业数量情况。企业家创业年限，共分为 5 组，分别为 1～6 年、7～12 年、13～18 年、19～24 年、25～33 年。图 3－21 显示，家人有政府资源的企业家创业年限以 7～12 年的企业数量最多，为 27 个，其次是 1～6 年的，为 20 个，创业年限在 25～33 年的最少，为 5 个。

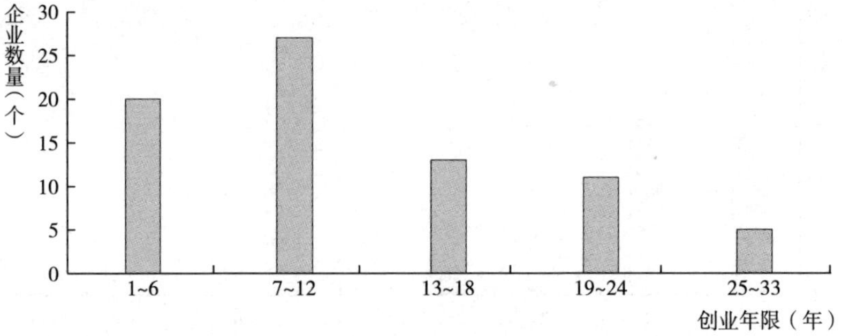

图 3－21　企业家不同创业年限和企业家家人有政府资源的企业数量

图 3－22 描述的是不同行业的企业家家人有政府资源的企业数量情况。企业所属行业，分为 16 组，分别为批发零售业，制造业，住宿业和餐饮业，居民服务、修理和其他服务业，租赁和商务服务业，教育、卫生、社会工作、文化、体育和娱乐业，等等。图 3－22 显示，批发零售业中企业家家人有政府资源的企业数量最多，为 156 个，其次是制造业，为 154 个，电力、热力、燃气及水生产和供应业，公共管理、社会保障、社会组织或国际组织这两个行业中家人有政府资源的企业数量最少，均为 1 个。

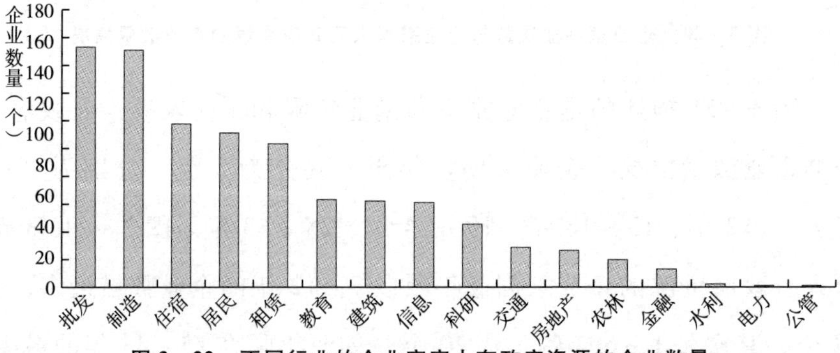

图 3－22　不同行业的企业家家人有政府资源的企业数量

注：行业简称和全称参见附录 1。

图3－23描述的是不同城市企业家家人有政府资源的企业数量情况，企业所在城市，分为20组，分别为深圳市、梅州市、广州市、肇庆市、韶关市、茂名市、云浮市、江门市、河源市、中山市、揭阳市、汕头市、汕尾市、清远市、湛江市、珠海市、阳江市、惠州市、佛山市和潮州市。图3－23显示，深圳市的企业家家人有政府资源的企业数量最多，为19个，潮州市企业家家人有政府资源的企业数量最少，为2个。

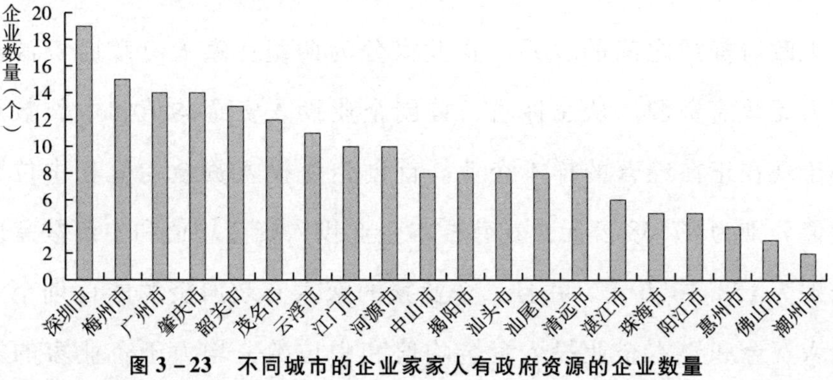

图3－23　不同城市的企业家家人有政府资源的企业数量

注：东莞未被统计在内。

图3－24描述的是不同城市的企业家家人无政府资源的企业数量。企业所在城市，分为21组，分别为深圳市、广州市、江门市、揭阳市、肇庆市、云浮市、佛山市、中山市、梅州市、汕头市、清远市、惠州市、汕尾市、河源市、湛江市、潮州市、东莞市、茂名市、韶关市、阳江市和珠海市。图3－24显示，深圳市企业家家人无政府资源的企业数最多，为167个，其次为广州市，为96个，最少的是珠海市，为14个。

表3－15描述的是首创企业和样本企业投入资金与企业家家人

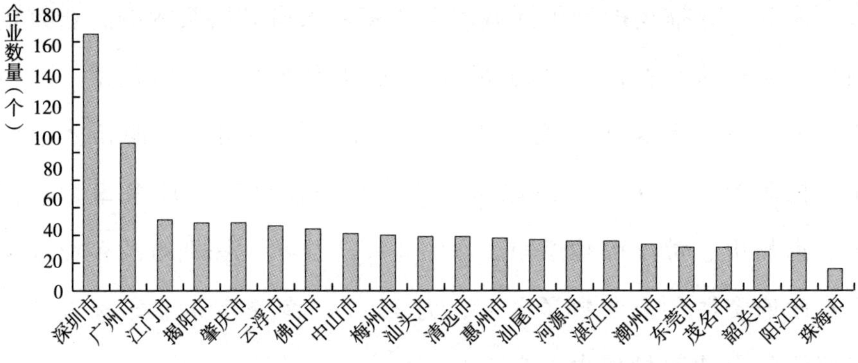

图 3－24　不同城市的企业家家人无政府资源的企业数量

有无政府资源之间的关系。企业家分为两组：家人有政府资源和家人无政府资源。从总体看，首创企业投入资金均值和中位数均小于现在正在经营的样本企业。首创企业投入资金均值和中位数差值分别为 87.38 万元，在营样本企业投入资金均值和中位数差值分别为 158.46 万元。并且，企业家的家人有政府资源的首创企业投入资金和样本企业投入资金均值和中位数，均大于企业家的家人没有政府资源的首创企业投入资金和样本企业投入资金的均值和中位数。

表 3－15　首创企业和样本企业投入资金与企业家家人有无政府资源情况

单位：万元

企业家家人有无政府资源	首创企业投入资金		样本企业投入资金	
	均值	中位数	均值	中位数
无	35.71	10.00	77.82	20.00
有	81.67	20.00	150.64	50.00
总计	45.42	10.00	90.47	20.00

表 3－16 描述的是企业家家人有无政府资源与初创融资投入

（总投入）、认为本地政府部门招投标公平程度情况。企业家家人有无政府资源分为两组，分别为企业家家人有政府资源和企业家家人无政府资源。表3－16显示，企业家家人无政府资源的企业初创融资投入的均值和中位数均多于企业家家人有政府资源的企业初创融资投入的均值和中位数。企业家家人有政府资源的更加认可本地政府部门招投标的公平程度。

表3－16 家人有无政府资源与初创融资投入（总投入）、认为本地政府部门招投标公平程度

企业家家人有无政府资源	初创融资投入（总投入）（万元）		认为本地政府部门招投标公平程度（均值）
	均值	中位数	
无	10.22	1.00	3.23
有	2.29	0.67	3.37
合计	8.62	1.00	3.26

表3－17描述的是企业新投资计划的均值和家人是否有政府资源的情况。企业家家人有无政府资源分为两组，分别为企业家家人有政府资源和企业家家人无政府资源。表3－17显示，企业家家人有政府资源的企业有投资计划的比家人无政府资源的企业多。

表3－17 企业新投资计划的均值和家人是否有政府资源的情况

企业家家人有无政府资源	有新的投资计划（均值）
无	0.33
有	0.37
总计	0.34

注：其他样本量少于30，不做导出。

3.2 政治认知与创业成长

图 3－25 描述的是不同地区的企业了解政府政策程度的均值。企业所在地，包括广东省 21 个地级市。图 3－25 显示，不同城市企业主动了解各级政府出台的各种政策的程度各不相同。河源市的企业对各级政府出台的各种政策了解程度最高，为 0.86；惠州市企业对各级政府出台的各种政策了解程度最低，为 0.33。

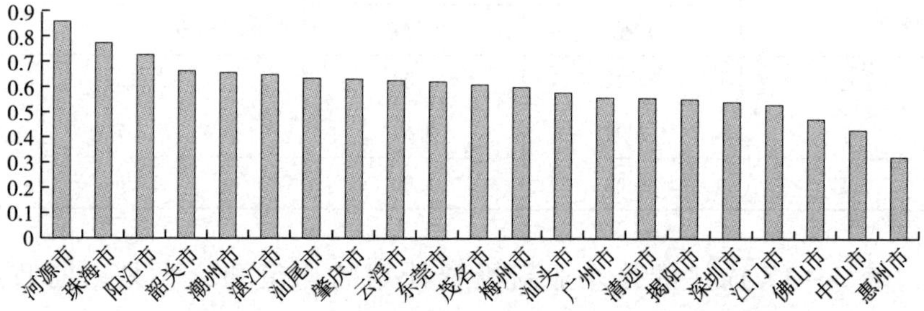

图 3－25　不同地区企业了解政府政策程度的均值

表 3－18 描述的是首创企业、初创企业投入资金和是否会主动了解各级政府出台的各种政策之间的关系。是否会主动了解各级政府出台的各种政策分为两组：会主动了解各级政府出台的各种政策；不会主动了解各级政府出台的各种政策。首创企业投入资金与初创企业投入资金均分为两组，分别为均值和中位数。表 3－18 显示，会主动了解各级政府出台的各种政策的首创企业和初创企业投入资金的均值和中位数均大于不会主动了解各级政府出台的各种政策的企业。

表 3－18　首创企业与初创企业投入资金和是否会主动了解政府政策情况

是否会主动了解各级政府出台的各种政策	首创企业投入资金（万元）		初创企业投入资金（万元）	
	均值	中位数	均值	中位数
否	29.59	10.00	58.67	20.00
是	61.96	13.00	114.35	30.00
总计	47.06	10.00	89.62	20.00

表 3－19 描述的是企业新建或购买固定资产支出、全职员工数、初创融资投入、认为本地政府部门招投标公平程度和是否会主动了解各级政府出台的各种政策之间的关系。企业新建或购买固定资产支出、全职员工数、初创融资投入均分为 2 组，分别为均值和中位数。表 3－19 显示，会主动了解各级政府出台的各种政策的企业 2017 年新建或购买固定资产支出、全职员工数、初创融资投入的均值和中位数，以及认为本地政府部门招投标公平程度均高于不会主动了解各级政府出台的各种政策的企业。

表 3－19　企业新建或购买固定资产支出、全职员工数、初创融资投入、认为本地政府部门招投标公平程度和是否主动了解政府政策之间的关系

是否会主动了解各级政府出台的各种政策	2017 年新建或购买固定资产支出（万元）		2017 年全职员工数（人）		初创融资投入（总投入）（万元）		认为本地政府部门招投标公平程度（均值）
	均值	中位数	均值	中位数	均值	中位数	
否	67.44	10.00	20.08	6.00	8.28	0.67	3.10
是	102.85	20.00	29.50	10.00	8.79	1.20	3.43
总计	89.27	15.00	49.58	16.00	8.62	1.00	3.33

表3－20描述的是企业有新的投资计划均值和是否会主动了解各级政府出台的各种政策之间的关系。是否会主动了解各级政府出台的各种政策分为两组：会主动了解各级政府出台的各种政策；不会主动了解各级政府出台的各种政策。表3－20显示，会主动了解各级政府出台的各种政策的企业有新的投资计划的均值显著高于不会主动了解各级政府出台的各种政策的企业，差值为0.17。

表3－20　企业有新的投资计划均值和是否会主动了解各级政府政策情况

是否会主动了解各级政府出台的各种政策	有新的投资计划（均值）
否	0.26
是	0.43
总计	0.36

3.3　政治资源与企业经营绩效

图3－26描述的是企业主营业务收入和企业家是否在政府工作过之间的关系。企业家是否在政府工作过分为两组，分别为在政府工作过和没有在政府工作过。图3－26显示，在政府工作过的企业家，企业主营业务收入显著高于企业家没有在政府工作过的企业主营业务收入，企业家在政府工作过的企业主营业务收入为65万元，企业家没有在政府工作过的企业主营业务收入为60万元。

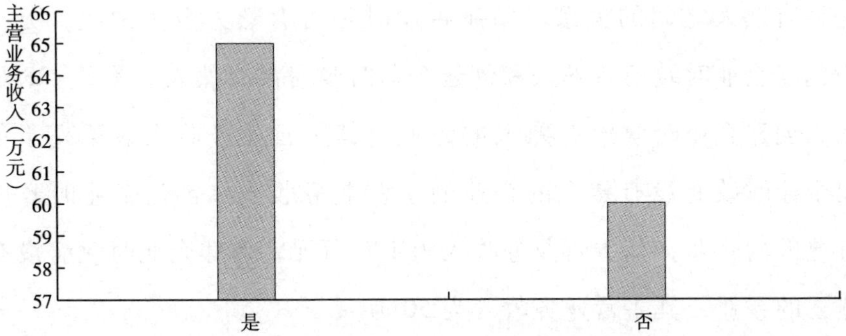

图 3－26　2017 年企业主营业务收入和企业家是否在政府工作过的情况

图 3－27 描述的是企业主营业务收入和创建第一家企业时政府是否有熟人之间的关系。创建第一家企业时政府是否有熟人分为两组，分别为创建第一家企业时政府有熟人和创建第一家企业时政府没有熟人。图 3－27 显示，创建第一家企业时政府有熟人的企业，其主营业务收入显著高于创建第一家企业时政府没有熟人的企业主营业务收入。创建第一家企业时政府有熟人的企业的主营业务收入为 165 万元；创建第一家企业时政府没有熟人的企业，其主营业务收入为 70 万元。

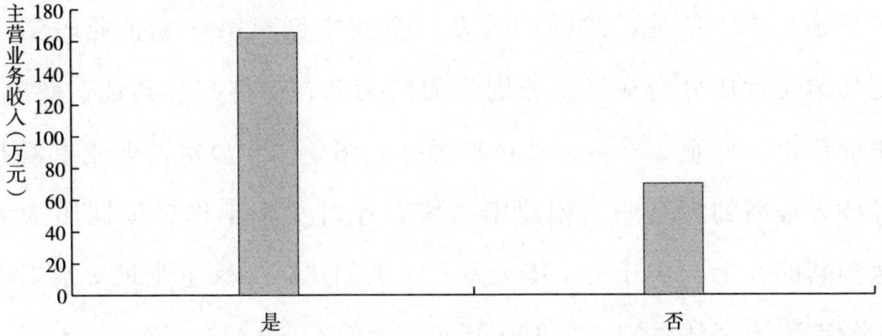

图 3－27　企业主营业务收入和创建第一家企业时是否有熟人在政府工作的情况

图 3－28 描述的是企业主营业务收入和企业家创建企业时政府

是否有熟人之间的关系。创建企业时是否有熟人分为两组，分别为创建企业时政府有熟人和创建企业时政府没有熟人。图3－28显示，创建企业时政府有熟人的企业，其主营业务收入显著高于创建企业时政府没有熟人的企业的主营业务收入。创建企业时政府有熟人的企业，其主营业务收入为170万元；创建企业时政府没有熟人的企业，其主营业务收入为50万元。

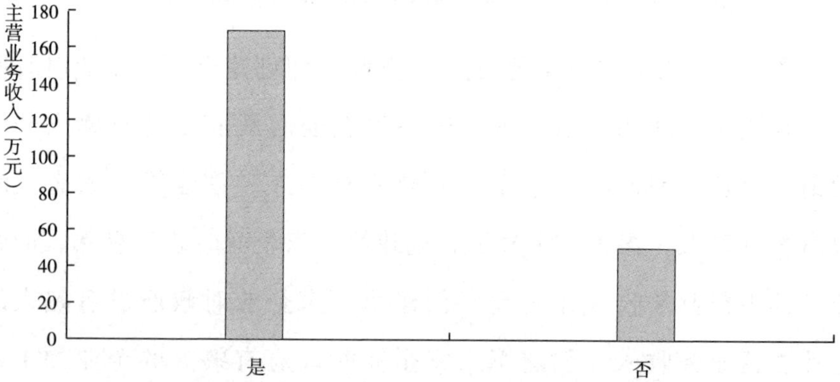

图3－28　企业主营业务收入和企业家创建企业时政府是否有熟人的情况

图3－29描述的是企业主营业务收入和企业家创建第一家企业时父亲工作单位性质之间的关系。企业家创建第一家企业时父亲工作单位性质分为9组，分别为无法判断、个体户、其他、政府、事业单位、外企、国企、私企和民办。图3－29显示，企业主营业务收入最高的为企业家创建第一家企业时父亲工作单位性质为无法判断的，为180万元；其次为企业家创建第一家企业时父亲工作单位性质为个体户的，为150万元。

图3－30描述的是企业主营业务收入和企业家创建第一家企业时母亲工作单位性质之间的关系。企业家创建第一家企业时母亲

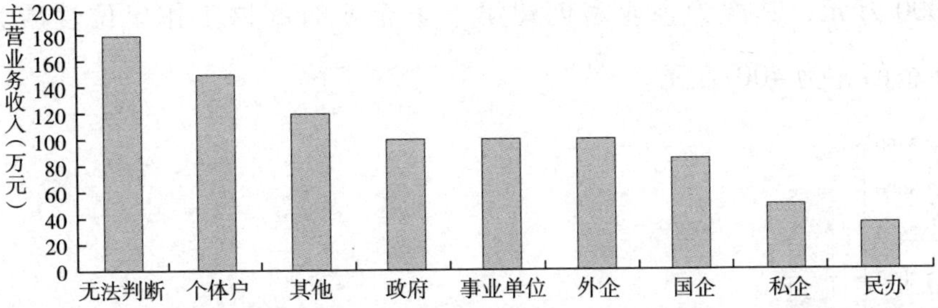

图 3－29　企业主营业务收入和企业家创建第一家企业时父亲工作单位性质情况

工作单位性质分为 9 组，分别为无法判断、个体户、其他、政府、事业单位、外企、国企、私企和民办。图 3－30 显示，企业主营业务收入最高的为企业家创建第一家企业时母亲工作单位性质为民办的，为 295 万元；其次为企业家创建第一家企业时母亲工作单位性质为无法判断的，为 247. 5 万元。

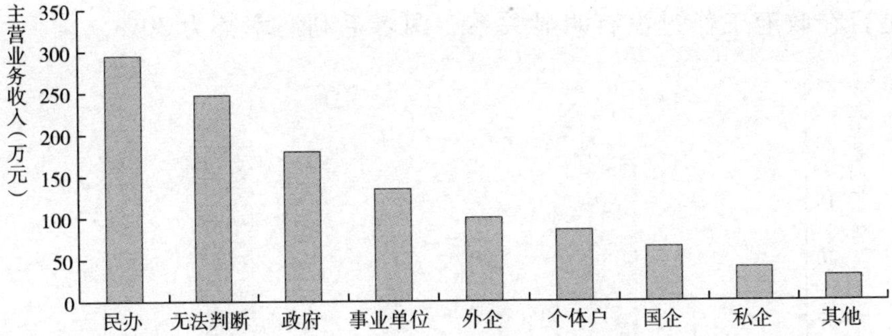

图 3－30　企业主营业务收入和企业家创建第一家企业时母亲工作单位性质情况

图 3－31 描述的是企业主营业务收入和企业家创建第一家企业时配偶工作单位性质之间的关系。企业家创建第一家企业时配偶工作单位性质分为 8 组，分别为个体户、其他、政府、事业单位、外企、国企、私企和民办。图 3－31 显示，企业主营业务收入最高的为企业家创建第一家企业时配偶工作单位性质为民办的，为

3000万元；其次为企业家创建第一家企业时配偶工作单位性质为外企的，为400万元。

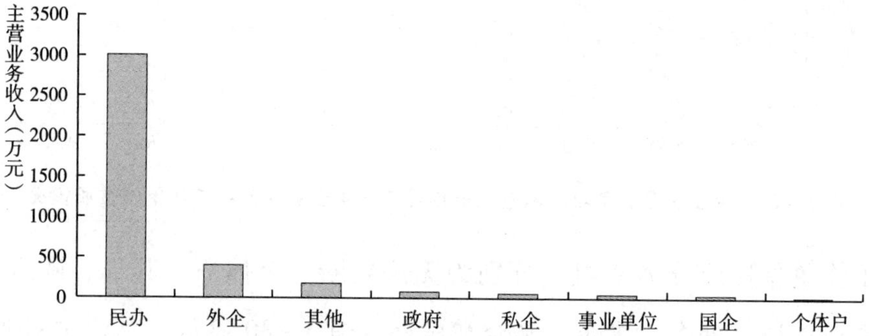

图3－31　企业主营业务收入和企业家创建第一家企业时配偶工作单位性质情况

图3－32描述的是企业毛利润率和企业家是否在政府工作过之间的关系。企业家是否在政府工作过分为两组，分别为在政府工作过和没有在政府工作过。图3－32显示，企业毛利润率和企业家是否在政府工作过没有明显关系，两者毛利润率都为20%。

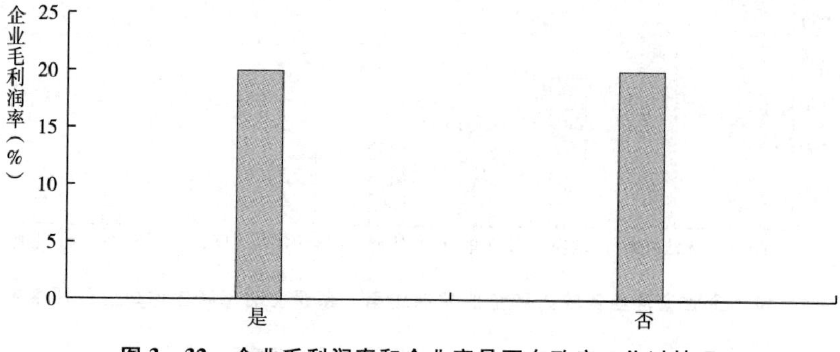

图3－32　企业毛利润率和企业家是否在政府工作过情况

图3－33描述的是企业毛利润率和企业家创建第一家企业时政府是否有熟人之间的关系。创建第一家企业时政府是否有熟人分为两组，分别为创建第一家企业时政府有熟人和创建第一家企业时政府没有熟人。图3－33显示，创建第一家企业时政府有熟人的

企业毛利润率高于创建第一家企业时政府没有熟人的企业毛利润率，创建第一家企业时政府有熟人的企业毛利润率为 27.5%，创建第一家企业时政府没有熟人的企业毛利润率为 20%。

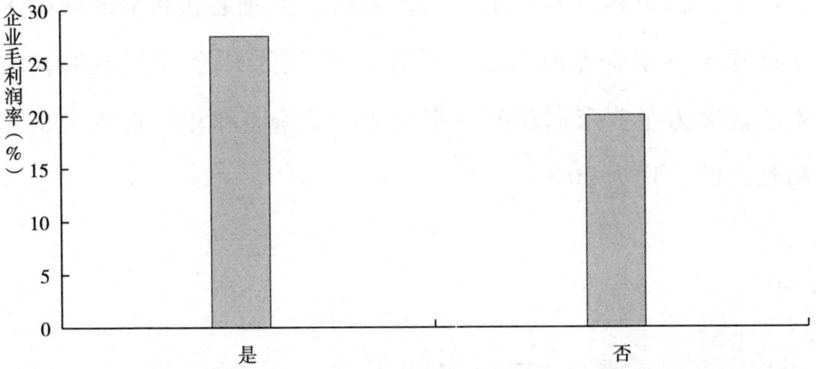

图 3－33　企业毛利润率和企业家创建第一家企业时政府是否有熟人的情况

图 3－34 描述的是企业毛利润率和企业家创建企业时政府是否有熟人之间的关系。创建企业时政府是否有熟人分为两组，分别为创建企业时政府有熟人和创建企业时政府没有熟人。图 3－34 显示，企业毛利润率和创建企业时政府是否有熟人没有明显关系，两者毛利润率都为 20%。

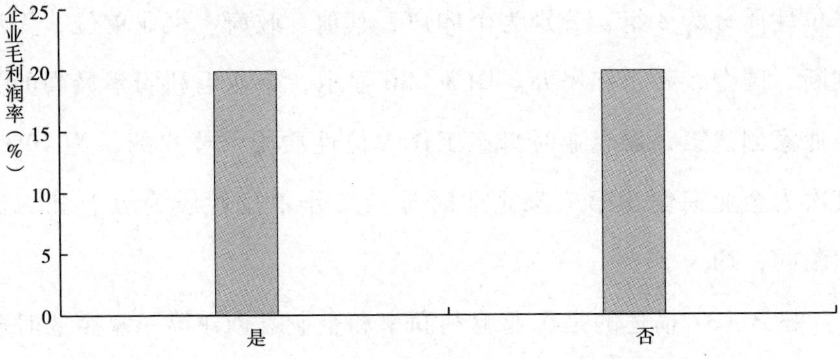

图 3－34　企业毛利润率和企业家创建企业时政府是否有熟人的情况

图3－35描述的是企业毛利润率和企业家创建第一家企业时父亲工作单位性质之间的关系。企业家创建第一家企业时父亲工作单位性质分为8组，分别为个体户、其他、政府、事业单位、外企、国企、私企和民办。图3－35显示，企业毛利润率最高的为企业家创建第一家企业时父亲工作单位性质为外企和其他的，均为30%；其次为企业家创建第一家企业时父亲工作单位性质为事业单位和私企的，均为20%。

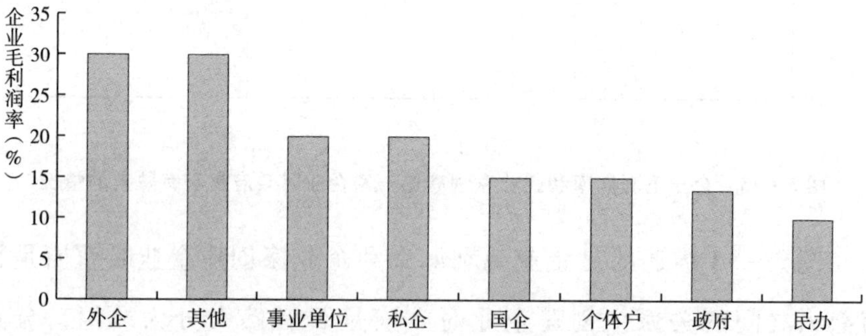

图3－35　企业毛利润率和企业家创建第一家企业时父亲工作单位性质的情况

图3－36描述的是企业毛利润率和企业家创建第一家企业时母亲工作单位性质之间的关系。企业家创建第一家企业时母亲工作单位性质分为8组，分别为个体户、其他、政府、事业单位、无法判断、国企、私企和民办。图3－36显示，企业毛利润率最高的为企业家创建第一家企业时母亲工作单位性质为个体户的，为40%；其次为企业家创建第一家企业时母亲工作单位性质为政府和无法判断的，均为25%。

图3－37描述的是企业毛利润率和企业家创建第一家企业时配偶工作单位性质之间的关系。企业家创建第一家企业时配偶工作

单位性质分为 8 组，分别为个体户、其他、政府、事业单位、外企、国企、私企和民办。图 3－37 显示，企业毛利润率最高的为企业家创建第一家企业时配偶工作单位性质为其他的，为 35%；其次为企业家创建第一家企业时配偶工作单位性质为民办的，为 30%。

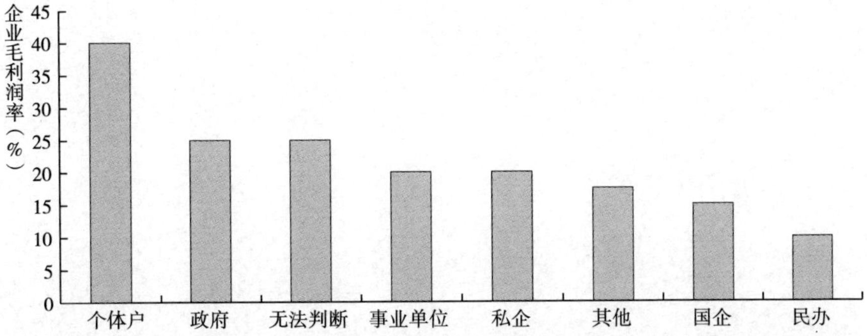

图 3－36　企业毛利润率和企业家创建第一家企业时母亲工作单位性质的情况

注：外企一类无调查数据。

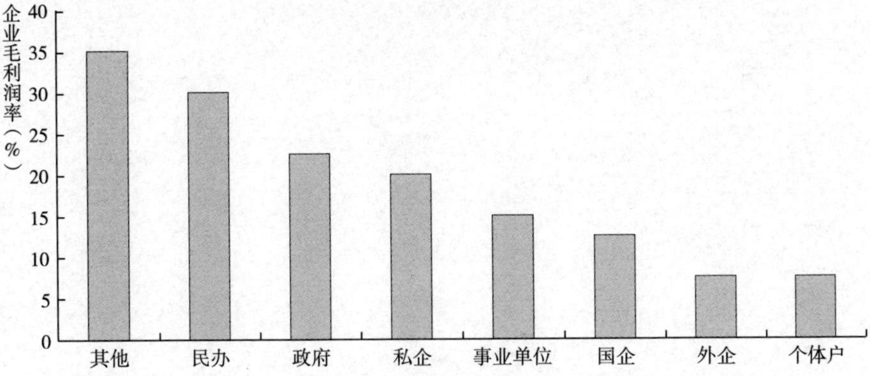

图 3－37　企业毛利润率和企业家创建第一家企业时配偶工作单位性质情况

本章的统计分析为构建“新型政商关系”提供了一点现实依据。结果表明，广东省民营企业创业者与政府的关系呈现以下几个特征。第一，大多数创业者无政府从业经历或者其家庭成员中无政府官员。第二，与没有政治资源的企业相比，有政治资源的企业，其经营收入相对较高。但利润率没有较为显著的提升。第三，有政治资源的企业，更愿意提前对其经营进行规划。

第4章　营商环境与企业发展

本章内容旨在分析营商环境在企业家创业和经营过程中的作用，从企业家视角对市场准入、商事服务和社会环境进行分析。

4.1　营商环境与企业发展

本节内容旨在分析营商环境与企业发展的关系，将分别从企业家创业选择、企业经营绩效两个维度进行展现。

4.1.1　市场准入与创业选择

图4－1描述的是企业创立年份和创业次数均值之间的关系。2010年企业创业次数均值最高，为0.83次；最低为2011年、2012年，

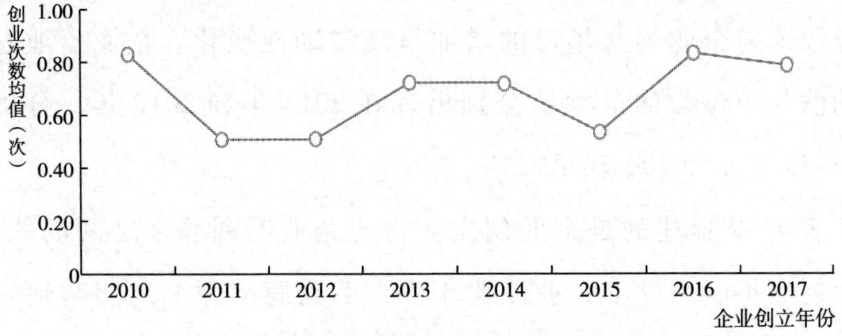

图4－1　企业创立年份和创业次数均值的情况

为 0.51 次。

图 4－2 描述的是企业创立年份和创业类型之间的关系。所有类型行业的企业数量大致随年份的增加而增加，制造业、批发零售业、住宿和餐饮业是创立企业较多的行业种类。

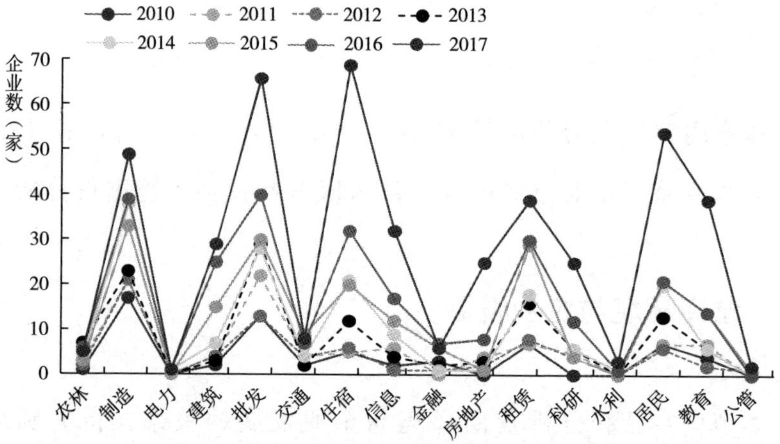

图 4－2 企业创立年份和创业类型情况

注：行业简称与全称信息请参见附录 1。

4.1.2 市场准入与企业经营绩效

表 4－1 描述的是企业创立年份与企业营业总收入之间的关系。企业创立年份为样本企业注册年份。表 4－1 统计显示，企业的营业总收入随企业创立年份的增加呈现波动性变化。企业营业总收入均值与中位数的最大值分别出现在 2013 年和 2012 年，分别为 3746.53 万元和 200 万元。

表 4－2 描述的是企业创立年份与企业毛利润率之间的关系。企业创立年份为样本企业注册年份，毛利润率为毛利润与销售额之比，毛利润等于销售收入扣除主营业务的直接费用后的利润。

表 4－2 统计显示，企业毛利润率随企业创立的年份变化而变化，但变化不大。各年份均值在 20% 上下波动，企业毛利润率均值最大值出现在 2013 年，为 23.51%。

表 4－1　企业创立年份与企业营业总收入的关系

企业创立年份	企业营业总收入（万元）			
	均值	最小值	最大值	中位数
2010	435.70	0	2500	75
2011	388.22	0	3000	100
2012	1085.30	0	17000	200
2013	3746.53	0	130000	100
2014	321.57	0	2550	80
2015	669.16	0	36000	55
2016	1411.62	0	120000	90
2017	533.70	0	70000	30
合计	1011.42	0	130000	60

表 4－2　企业创立年份与企业毛利润率的关系

企业创立年份	企业毛利润率（%）			
	均值	最小值	最大值	中位数
2010	21.76	0	60	20
2011	17.69	0	55	15
2012	18.41	0	60	15
2013	23.51	0	80	17
2014	21.87	0	80	15
2015	22.66	0	90	20
2016	20.69	－40	80	20
2017	21.84	－20	90	20
合计	21.52	－40	90	20

4.2 商事服务与企业发展

本节内容旨在分析商事服务与企业发展的关系，将分别从企业家创业选择、企业经营绩效两个维度进行展现。

4.2.1 商事服务与创业选择

表4-3描述的是企业创立年份与企业创建手续办理时长的关系。企业创立年份为样本企业注册年份；“许可证或审批”为办理许可证或审批手续的天数；名称核准为核准企业名称的天数；开立银行账户为开立企业银行账户的天数；税务登记为办理税务登记的天数；刻制印章为刻制印章的天数。表4-3统计显示，随着年份增加，办许可证或审批平均时间总体呈波动性缩短趋势，其中位数主要集中在15天；名称核准的平均时间主要波动幅度在3～6天；开立企业银行账户平均时间逐渐增长；办理税务登记平均时间多在6～9天波动；刻制印章花费的平均时间在2～4天内波动。

表4-3 企业创立年份与企业创建时各项手续办理天数的关系

企业创立年份	办证时间（天）									
	许可证或审批		名称核准		开立银行账户		税务登记		刻制印章	
	均值	中位数	均值	中位数	均值	中位数	均值	中位数	均值	中位数
2010	58.84	15	3.56	2	5.44	7	8.29	3.5	2.40	2

续表

企业创立年份	办证时间（天）									
	许可证或审批		名称核准		开立银行账户		税务登记		刻制印章	
	均值	中位数	均值	中位数	均值	中位数	均值	中位数	均值	中位数
2011	31.48	10	6.56	1	5.73	1	9.02	5	2.50	2
2012	32.52	12.5	4.47	1	7.17	1	13.28	5	2.94	2
2013	31.99	30	4.53	1	6.69	3	4.62	2	4.06	3
2014	24.98	15	9.22	4	7.44	1.5	10.27	5	3.09	1
2015	27.30	15	5.40	2	10.67	1	7.72	3	3.13	2
2016	42.99	30	4.79	1	9.44	3	6.44	3	4.00	2
2017	34.84	15	5.43	2	7.23	2	6.84	2	3.88	2
合计	35.13	15	5.50	2	8.24	2	7.38	3	3.63	2

表4-4描述的是企业创立年份与企业创建时各项手续办理费用的关系。企业创立年份为样本企业注册年份；许可证或审批为办理许可证或审批手续的费用；开立银行账户为开立企业银行账户的费用；税务登记为办理税务登记的费用；刻制印章为刻制印章的费用；非正常费用为向政府或国企支付的非正常费用。表4-4统计显示，从中位数看，随年份增加，各项手续费用多数较为稳定，开立企业银行账户费用、税务登记和向政府或国企支付的非正常费用均为0。从均值看，办理费用最多的是许可证或审批手续费用；开立企业银行账户的费用在整体递增；刻制印章的费用均值多在300元左右浮动；向政府和国企支付的非正常费用的均值波动较大。

表4－4　企业创立年份与企业创建时各项手续办理费用的关系

企业创立年份	办理费用（元）									
	许可证或审批		开立企业银行账户		税务登记		刻制印章		非正常费用	
	均值	中位数	均值	中位数	均值	中位数	均值	中位数	均值	中位数
2010	5539.71	0	76.00	0	208.33	0	317.78	300	0.13	0
2011	56471.05	200	205.75	0	357.14	0	472.89	150	15.86	0
2012	1644.00	300	165.63	0	19.23	0	180.71	100	0.20	0
2013	16509.53	150	169.68	0	112.00	0	291.03	200	0.09	0
2014	7436.67	100	141.60	0	151.22	0	306.20	200	8.71	0
2015	14596.85	400	298.92	0	199.01	0	276.74	150	7.07	0
2016	32190.00	450	176.38	0	171.13	0	381.03	200	5.70	0
2017	7630.60	450	242.50	0	195.39	0	301.73	200	0.02	0
合计	16435.74	300	220.20	0	182.81	0	318.66	200	4.03	0

表4－5描述的是企业家创业次数与企业创建时各项手续办理的天数的情况。具体包含实际办理营业执照的天数、从提出注册申请到获得工商营业执照的天数、办理所需时间最长的许可证或审批手续的天数、核准企业名称的天数、开立企业银行账户的天数、办理税务登记的天数和刻制印章的天数。

表4－6描述的是广东省各地区企业创建时各项手续办理的天数情况。具体包含实际办理营业执照的天数、从提出注册申请到获得工商营业执照的天数、办理所需时间最长的许可证或审批手续的天数、核准企业名称的天数、开立企业银行账户的天数、办理税务登记的天数和刻制印章的天数。

表4－5 企业家创业次数与企业创建时各项手续办理的天数情况

单位：天

企业家创业次数	实际办理营业执照的天数		从提出注册申请到获得工商营业执照的天数		办理所需时间最长的许可证或审批手续的天数		核准企业名称的天数		开立企业银行账户的天数		办理税务登记的天数		刻制印章的天数	
	均值	中位数	均值	中位数	均值	中位数	均值	中位数	均值	中位数	均值	中位数	均值	中位数
0	18.77	15	21.49	10	30.05	15	6.01	2	8.37	1	8.42	3	3.68	2
1	18.86	14	14.90	10	35.79	15	4.54	1.75	7.62	2	6.54	3	3.71	2
2	14.57	12	12.87	7	65.95	30	2.21	1	6.53	2	5.25	1	3.54	3
3	22.50	18	15.78	15	62.70	30	4.07	1.5	9.26	7	6.18	4	3.83	1
4	32.50	15	10.29	7	37.57	15	16.15	0.5	6.23	1	14.45	7	3.08	2
5	9.00	9	10.00	10	37.33	15	2.38	0.25	0.00	0	5.33	0.50	0.25	0.25
6	—	—	12.42	5	47.20	30	0.67	0.5	2.17	1	0.83	1	1.50	1
7	—	—	18.00	18	90.00	90	3.50	3.5	5.00	5	—	—	7.00	7
9	—	—	25.00	25	—	—	—	—	4.00	4	—	—	—	—
11	—	—	10.00	10	15.00	15	—	—	—	—	—	—	—	—
13	—	—	15.00	15	—	—	—	—	10.00	10	—	—	3	3
合计	18.67	15	18.36	10	35.45	15	5.36	2	7.92	2	7.58	3	3.66	2

表 4－6　广东省各地区企业创建时各项手续办理的天数情况

单位：天

地区	实际办理营业执照的天数		从提出注册申请到获得工商营业执照的天数		办理所需时间最长的许可证或审批手续的天数		核准企业名称的天数		开立企业银行账户的天数		办理税务登记的天数		刻制印章的天数	
	均值	中位数	均值	中位数	均值	中位数	均值	中位数	均值	中位数	均值	中位数	均值	中位数
东莞市	30.21	22.5	17.19	7	66.00	60	11.53	7	5.27	1	7.09	2	4.00	2
中山市	20.77	15	26.40	15	48.33	15	12.34	5	18.81	7	12.95	7	4.28	3
云浮市	21.86	15	16.29	12.5	44.45	30	7.69	1	6.81	0.75	11.91	5	2.16	1
佛山市	15.00	15	8.92	7	18.88	15	4.70	3	5.92	3	9.64	3	4.50	3
广州市	26.46	15	22.05	15	36.85	25	8.46	3	6.58	2	8.52	4	4.15	2
惠州市	21.27	15	14.00	8.5	52.68	20	8.79	3	6.94	1	6.09	2	4.04	2
揭阳市	34.08	7	19.14	7	32.00	30	4.11	2	5.71	1	11.77	2	3.16	1
梅州市	14.40	15	11.98	7	19.69	15	2.08	1	3.04	1	4.58	3	4.11	3.25
汕头市	12.86	7	16.06	12.5	14.12	10	4.10	1.5	6.29	6	8.85	7	4.83	3
汕尾市	14.60	14	14.78	7	40.67	15	4.86	1	11.42	2	5.36	1	2.06	1
江门市	20.38	7	12.61	10	30.35	15	8.38	3	4.57	3	5.81	3.5	3.72	3
河源市	15.53	15	13.82	7	21.26	14	2.74	1	9.38	7	7.80	5	4.70	2
深圳市	14.51	10	14.22	7	33.32	15	4.04	1	14.04	1	4.48	1	4.04	3

续表

地区	实际办理营业执照的天数		从提出注册申请到获得工商营业执照的天数		办理所需时间最长的许可证或审批手续的天数		核准企业名称的天数		开立企业银行账户的天数		办理税务登记的天数		刻制印章的天数	
	均值	中位数	均值	中位数	均值	中位数	均值	中位数	均值	中位数	均值	中位数	均值	中位数
清远市	7.55	7	18.36	15	40.33	30	4.16	1.5	4.22	1	7.74	7	2.57	1
湛江市	15.00	11.5	23.50	15	25.80	15	5.61	3	6.88	5	7.59	5	4.64	3
潮州市	4.00	2	16.11	7	27.85	7	4.73	1	8.48	1	3.18	1	2.61	1
珠海市	13.14	10	11.38	5	24.83	15	4.88	2	5.11	1	9.16	2.5	5.19	3
肇庆市	13.57	7	9.46	7	37.13	30	1.62	0.5	3.56	1	9.47	2	1.42	0
茂名市	19.64	14	47.48	14	21.32	15	4.38	2.5	3.75	1	7.42	7	2.42	1
阳江市	13.50	8.5	16.13	10	31.00	25	1.96	1	7.63	5	4.88	5.5	2.45	2
韶关市	21.91	15	18.41	15	71.19	30	6.17	4	8.74	7	7.28	3.5	3.99	2
全省	19.21	14	17.84	10	35.13	15	5.50	2	8.24	2	7.38	3	3.63	2

表4－7描述的是企业家创业次数与企业创建时各项手续办理的费用情况。具体包含实际办理营业执照代办的费用、办理工商营业执照的费用、办理所需时间最长的许可证或审批手续的费用、开立企业银行账户的费用、办理税务登记的费用、刻制印章的费用和向政府或国企支付的非正常费用。

表4－8描述的是广东省各地区企业办理厂房或办公楼相关手续的天数的情况。具体包含提交建厂房或办公楼的审批或许可申请获批的天数、提交供电申请至接通的天数、提交供水申请至接通的天数和提交供气申请至接通的天数。

表4－9描述的是企业家创业次数与企业家对本地情况的评价的情况。其中分值的分布为1～5分，1分为非常不认同，5分为非常认同。具体包含本地法院审理纠纷案件公平程度均值、本地政府部门在政府招投标项目中评标公平程度均值、本地政府部门在行政审批中遵章守纪程度均值、政府机关公布失信人员名单对企业约束力均值和2017年本地企业合同履约情况均值。

表4－10描述的是广东省各地区企业创建时各项手续办理的费用情况。具体包含实际办理营业执照代办企业共收取的费用、办理工商营业执照的费用、办理所需时间最长的许可证或审批手续的费用、开立企业银行账户的费用、办理税务登记的费用、刻制印章的费用和向政府或国企支付的非正常费用。

4.2.2 商事服务与企业经营绩效

表4－11描述的是企业实际办理营业执照天数与2017年企业经营绩效（2017年企业营业总收入、2017年企业毛利润率）的情况。

表4-7 企业家创业次数与企业创建时各项手续办理的费用的情况

单位：元

企业家创业次数	实际办理营业执照代办的费用		办理工商营业执照的费用		办理所需时间最长的许可证或审批手续的费用		开立企业银行账户的费用		办理税务登记的费用		刻制印章的费用		向政府或国企支付的非正常费用	
	均值	中位数	均值	中位数	均值	中位数	均值	中位数	均值	中位数	均值	中位数	均值	中位数
0	2218.97	1350	289.82	0	14796.26	200	220.51	0	177.23	0	292.17	200	8.74	0
1	36864.78	1950	287.65	0	8704.06	340	225.36	0	200.69	0	349.52	200	0.08	0
2	3205.00	1000	336.60	0	9339.47	1000	127.11	0	251.72	0	312.63	200	0.01	0
3	5142.86	2500	164.29	0	10450.00	2250	111.30	0	295.45	0	280.83	225	0.01	0
4	3750.00	2000	353.75	150	5560.00	500	812.22	0	334.17	0	430.00	250	0.00	0
5	4600.00	3000	650.00	650	75060.00	75060	1000.00	1000	50.00	50	150.00	150	2.50	0
6	—	—	750.00	0	75750.00	1500	50.00	0	0.00	0	265.00	255	0.20	0
7	1500.00	1500	600.00	600	150000.00	150000	—	—	—	—	250.00	250	0.00	0
9	—	—	100.00	100	—	—	100.00	100	—	—	—	—	0.00	0
11	—	—	0.00	0	—	—	—	—	—	—	—	—	0.00	0
13	—	—	0.00	0	—	—	0.00	0	—	—	300.00	300	0.00	0
合计	12933.72	1500	290.91	0	13891.62	300	221.70	0	195.57	0	313.30	200	4.96	0

表 4－8　广东省各地区企业办理厂房或办公楼相关手续的天数情况

单位：天

地区	提交建厂房或办公楼的审批或许可申请获批的天数		提交供电申请至接通的天数		提交供水申请至接通的天数		提交供气申请至接通的天数	
	均值	中位数	均值	中位数	均值	中位数	均值	中位数
东莞市	18.50	18.5	4.00	4	1.00	1	15.90	8
中山市	55.00	55	60.00	60	3.67	2	15.56	6
云浮市	28.33	30	29.13	13	11.00	11	9.52	1.5
佛山市	3.50	3.5	—	—	5.50	5.5	4.42	2
广州市	14.71	11	—	—	9.00	7	7.86	2
惠州市	180.00	180	180.00	180	—	—	7.50	5
揭阳市	15.00	15	75.00	75	10.67	1	7.28	3
梅州市	7.25	6.5	2.50	2.5	2.60	1	7.06	2.5
汕头市	16.75	15	4.00	4	4.60	2	11.72	10
汕尾市	33.33	7	48.33	30	9.80	2	2.88	1
江门市	17.00	14	7.00	7	7.00	7	8.52	7
河源市	4.33	3	3.00	3	2.25	2.5	5.95	3
深圳市	8.78	7	0.75	0.75	1.75	1.5	10.01	2
清远市	14.75	7	—	—	8.30	0.5	5.18	1
湛江市	2.00	2	—	—	1.00	1	5.80	1

续表

地区	提交建厂房或办公楼的审批或许可申请获批的天数		提交供电申请至接通的天数		提交供水申请至接通的天数		提交供气申请至接通的天数	
	均值	中位数	均值	中位数	均值	中位数	均值	中位数
潮州市	10.75	8.5	34.30	30	9.60	3	6.04	2.5
珠海市	—	—	—	—	2.00	2	4.56	2
肇庆市	—	—	—	—	—	—	2.67	2.5
茂名市	23.25	30	4.00	4	5.83	7	4.36	1
阳江市	12.50	12.5	20.13	25	17.25	16	15.67	7
韶关市	18.00	6	20.00	20	6.00	5	6.68	3
全省	17.89	7	33.46	20	6.72	3	8.07	2

表4－9　企业家创业次数与企业家对本地情况的评价

企业家创业次数	企业家对本地情况的评价（分）				
	本地法院审理纠纷案件公平程度均值	本地政府部门在政府招投标项目中评标公平程度均值	本地政府部门在行政审批中遵章守纪程度均值	政府机关公布失信人员名单对企业约束力均值	2017年本地企业合同履约情况均值
0	3.69	3.34	3.85	3.80	3.57
1	3.40	3.14	3.75	3.66	3.62
2	3.66	3.23	3.83	3.65	3.63
3	3.60	3.44	3.64	3.71	3.71
4	3.78	3.71	3.91	4.00	3.58
5	—	2.00	3.33	4.75	3.67
6	3.00	2.25	3.33	3.50	3.50
7	3.50	3.00	4.00	4.00	3.20
9	5.00	—	4.00	5.00	4.00
11	3.00	3.00	4.00	5.00	4.00
13	2.00	4.00	3.00	3.00	2.00

表4-10 广东省各地区企业创建时办理各项手续的费用情况

单位：元

地区	实际办理营业执照代办企业共收取的费用		办理工商营业执照的费用		办理所需时间最长的许可证或审批手续的费用		开立企业银行账户的费用		办理税务登记的费用		刻制印章的费用		向政府或国企支付的非正常费用	
	均值	中位数	均值	中位数	均值	中位数	均值	中位数	均值	中位数	均值	中位数	均值	中位数
东莞市	2504.17	3000	745.71	0	2202.86	200	61.76	0	181.82	0	228.89	100	0.00	0
中山市	2945.00	1500	498.00	200	15342.50	500	264.76	0	33.33	0	240.95	150	0.26	0
云浮市	1744.44	1000	148.41	0	8859.76	50	354.26	0	32.26	0	244.72	200	0.02	0
佛山市	2512.50	2250	484.69	0	1000.00	0	354.26	0	370.53	0	197.87	180	0.00	0
广州市	2862.28	2000	437.05	0	25833.82	1750	408.13	0	137.49	0	208.39	80	8.72	0
惠州市	1366.81	1000	168.81	0	7525.00	1200	55.91	0	434.33	0	414.50	300	0.00	0
揭阳市	1917.65	2000	322.26	0	890.00	300	93.74	0	78.04	0	245.41	100	21.74	0
梅州市	232123.10	1500	318.19	0	2188.25	375	94.86	0	105.56	0	284.57	250	0.06	0
汕头市	1972.86	1800	33.44	0	79845.71	1550	90.48	0	392.86	0	187.14	200	32.88	0
汕尾市	500.00	0	144.78	0	40027.50	60	180.56	0	142.86	0	175.00	120	28.13	0
江门市	2093.75	1000	169.61	0	1250.00	250	441.72	0	537.19	0	443.46	175	0.00	0

续表

地区	实际办理营业执照代办企业共收取的费用		办理工商营业执照的费用		办理所需时间最长的许可证或审批手续的费用		开立企业银行账户的费用		办理税务登记的费用		刻制印章的费用		向政府或国企支付的非正常费用	
	均值	中位数	均值	中位数	均值	中位数	均值	中位数	均值	中位数	均值	中位数	均值	中位数
河源市	1142.89	1000	96.67	0	3884.38	100	164.14	0	233.75	0	369.23	200	0.00	0
深圳市	2617.69	1400	318.17	0	5556.12	750	321.80	0	130.65	0	603.81	500	0.07	0
清远市	2880.00	1000	117.32	0	127143.30	560	173.44	0	100.17	0	353.55	280	0.01	0
湛江市	2666.67	3000	436.36	0	7038.46	0	140.00	0	262.50	150	258.95	200	0.02	0
潮州市	3500.00	2000	510.00	0	3250.00	200	274.76	100	73.33	0	172.96	150	0.01	0
珠海市	1676.00	1400	104.44	0	31710.63	990	282.94	100	22.22	0	238.75	200	0.02	0
肇庆市	385.00	260	132.00	0	468.18	50	52.00	0	52.94	0	92.86	0	0.10	0
茂名市	1450.00	1250	139.29	0	940.00	0	80.42	0	126.09	0	167.50	100	0.00	0
阳江市	733.33	1000	87.50	0	35170	350	160.00	0	0.00	0	172.73	100	0.05	0
韶关市	1830.79	1500	47.69	0	5769.23	0	115.52	0	484.62	0	330.69	250	0.29	0
全省	11879.95	1500	263.56	0	16435.74	300	220.20	0	182.81	0	318.66	200	4.03	0

其中毛利润率为毛利润与销售额之比，毛利润为销售收入扣除主营业务的直接费用后的利润。

表 4－11　企业实际办理营业执照天数与 2017 年企业经营绩效的情况

企业实际办理营业执照天数	2017 年企业营业总收入（万元）		2017 年企业毛利润率（%）	
	均值	中位数	均值	中位数
0.5	131.20	131.2	28.75	28.75
1	8.33	10	30.33	40
2	500.00	500	15.00	15
3	357.50	190	13.50	13.5
4	33.50	33.5	30.00	30
5	260.00	100	12.67	10
7	481.50	182.5	27.25	25
10	566.69	75	23.88	20
14	174.29	75	20.43	20
15	367.94	200	21.50	20
20	326.25	252.5	19.25	18.5
30	330.65	85	14.00	10
45	45.00	45	20.00	20
60	190.90	120	33.00	30
90	130.00	80	20.33	6
合计	372.15	100	22.11	20

表 4－12 描述的是企业实际办理工商营业执照天数与 2017 年企业经营绩效（2017 年企业营业总收入、2017 年企业毛利润率）的情况。其中，毛利润率为毛利润与销售额之比，毛利润为销售收入扣除主营业务的直接费用后的利润。

表4－12　企业实际办理工商营业执照天数与2017年企业经营绩效的情况

企业实际办理工商营业执照天数	2017年企业营业总收入（万元）		2017年企业毛利润率（%）	
	均值	中位数	均值	中位数
0*	102.50	45	20.02	15
0.5	323.00	20	23.22	20
1	246.39	75	27.17	20
2	227.80	57.5	21.10	14
2.5	63.25.00	63.25	35.00	35
3	249.82	40	19.18	8
4	20.00	20	30.00	30
5	135.43	60	19.00	20
7	243.66	50	23.00	20
8	337.00	144	27.50	25
9	0.00	0	0.00	0
10	261.43	40	17.26	16
14	546.00	100	44.00	30
15	296.45	40	26.11	30
20	77.67	65	23.33	25
30	302.92	70	25.04	25
35	10.00	10	75.00	75
50	30.00	30	－2.00	－2
60	691.11	365	18.89	18
90	180.00	180	25.00	25
180	12.00	12	10.00	10
合计	273.31	50	23.71	20

* 此处指办理天数0.5天以内，下同。

表 4 – 13 描述的是企业办理所需时间最长的许可证或审批手续花费的天数与 2017 年企业经营绩效（2017 年企业营业总收入、2017 年企业毛利润率）的情况。其中，毛利润率为毛利润与销售额之比，毛利润为销售收入扣除主营业务的直接费用后的利润。

表 4 – 13　企业办理所需时间最长的许可证或审批手续花费的天数与 2017 年企业经营绩效的情况

办理所需时间最长的许可证或审批手续花费的天数	2017 年企业营业总收入（万元）		2017 年企业毛利润率（%）	
	均值	中位数	均值	中位数
0	507.50	500	20.00	20
0.5	100.00	100	6.00	6
1	141.70	30	32.90	30
2	101.67	22.5	22.00	11
3	513.75	125	17.00	10
4	6.00	6	45.00	45
5	64.33	75	22.00	10
7	231.49	84	23.08	20
10	389.71	250	15.29	15
14	374.17	172.5	26.33	25
15	274.54	75	25.64	20
18	30.00	30	10.00	10
20	745.92	50	28.00	30
21	12.00	12	25.00	25
22	36.00	36	30.00	30
25	36.00	36	30.00	30
30	355.10	50	25.09	19
40	71.50	71.5	23.00	23
45	180.00	55	30.00	30
60	653.82	100	24.82	20
90	1136.47	300	26.73	20

续表

办理所需时间最长的许可证或审批手续花费的天数	2017 年企业营业总收入（万元）		2017 年企业毛利润率（%）	
	均值	中位数	均值	中位数
120	1829.00	1829	16.50	16.5
180	4137.00	900	13.00	9
300	30.00	30	70.00	70
365	800.00	800	17.50	17.5
712	2000.00	2000	15.00	15
合计	456.65	80	24.58	20

表 4－14 描述的是企业核准名称花费的天数与 2017 年企业经营绩效（2017 年企业营业总收入、2017 年企业毛利润率）的情况。其中，毛利润率为毛利润与销售额之比，毛利润为销售收入扣除主营业务的直接费用后的利润。

表 4－14　企业核准名称花费的天数与 2017 年企业经营绩效的情况

企业核准名称花费的天数	2017 年企业营业总收入（万元）		2017 年企业毛利润率（%）	
	均值	中位数	均值	中位数
0	93.96	36	27.05	30
0.5	374.20	80	24.15	20
1	181.00	60	25.47	20
1.5	2550.00	2550	6.00	6
2	238.98	53	19.90	20
3	402.28	120	19.50	20
4	81.20	80	25.00	20
5	141.00	50	18.91	20
6	180.00	180	5.00	5
7	197.79	50	25.59	30
8	1000.00	1000	30.00	30

续表

核准企业名称花费的天数	2017 年企业营业总收入（万元）		2017 年企业毛利润率（%）	
	均值	中位数	均值	中位数
9	50.00	50	10.00	10
10	289.17	115	9.67	6
14	437.50	437.5	18.75	18.75
15	396.88	50	21.29	15
20	50.00	50	10.00	10
21	365.00	365	18.00	18
30	270.60	87.5	13.10	8
50	800.00	800	20.00	20
60	186.25	172.5	27.50	22.5
100	120.00	120	10.00	10
合计	259.85	60	22.95	20

表 4 – 15 描述的是企业开立企业银行账户花费的天数与 2017 年企业经营绩效（2017 年企业营业总收入、2017 年企业毛利润率）的情况。其中，毛利润率为毛利润与销售额之比，毛利润为销售收入扣除主营业务的直接费用后的利润。

表 4 – 15　企业开立企业银行账户花费的天数与 2017 年企业经营绩效的情况

开立企业银行账户花费的天数	2017 年企业营业总收入（万元）		2017 年企业毛利润率（%）	
	均值	中位数	均值	中位数
0	31.69	20	28.13	30
0.5	164.35	50	23.37	20
1	195.27	55	24.14	20
2	238.11	60	26.11	20
3	1047.00	400	17.69	10

续表

开立企业银行账户花费的天数	2017 年企业营业总收入（万元）		2017 年企业毛利润率（%）	
	均值	中位数	均值	中位数
4	30.00	20	33.33	50
5	173.27	120	23.00	30
7	462.06	100	18.88	13.5
8	20.00	20	30.00	30
10	539.17	400	24.25	21.5
14	455.22	140	12.39	6
15	588.57	300	18.26	15
20	1790.00	1790	52.50	52.5
30	321.68	165	15.87	10
40	120.00	120	15.00	15
45	155.00	155	15.00	15
50	0.00	0	0.00	0
60	500.00	500	25.00	25
90	50.00	50	15.00	15
合计	311.55	70	22.18	20

表 4－16 描述的是企业办理税务登记花费的天数与 2017 年企业经营绩效（2017 年企业营业总收入、2017 年企业毛利润率）的情况。其中，毛利润率为毛利润与销售额之比，毛利润为销售收入扣除主营业务的直接费用后的利润。

表 4－16　企业办理税务登记花费的天数与 2017 年企业经营绩效的情况

办理税务登记花费的天数	2017 年企业营业总收入（万元）		2017 年企业毛利润率（%）	
	均值	中位数	均值	中位数
0	273.43	20	26.03	30
0.5	345.05	80	26.87	25

续表

办理税务登记花费的天数	2017 年企业营业总收入（万元）		2017 年企业毛利润率（%）	
	均值	中位数	均值	中位数
1	111.27	50	19.71	20
2	415.33	55	23.97	20
3	174.57	63	24.81	25
3.5	127.50	127.5	7.50	7.5
4	70.00	70	5.00	5
5	185.00	60	22.92	20
7	287.53	84	23.54	25
10	481.90	47.5	18.10	15
12	0.00	0	0.00	0
14	340.00	400	35.00	30
15	274.67	104	20.98	17.5
20	20.00	20	2.00	2
21	11.50	11.5	15.00	15
30	746.61	400	11.11	6.5
60	60.00	60	10.00	10
90	610.00	20	39.33	50
合计	295.89	60	22.23	20

表 4－17 描述的是企业刻制印章花费的天数与 2017 年企业经营绩效（2017 年企业营业总收入、2017 年企业毛利润率）的情况。其中，毛利润率为毛利润与销售额之比，毛利润为销售收入扣除主营业务的直接费用后的利润。

表 4－17　企业刻制印章花费的天数与 2017 年企业经营绩效的情况

刻制印章花费的天数	2017 年企业营业总收入（万元）		2017 年企业毛利润率（%）	
	均值	中位数	均值	中位数
0	44.84	20	27.63	30

续表

刻制印章花费的天数	2017 年企业营业总收入（万元）		2017 年企业毛利润率（%）	
	均值	中位数	均值	中位数
0.5	236.69	85	23.27	22.5
1	264.81	80	20.63	20
2	351.52	50	17.38	15
2.5	350.00	350	2.00	2
3	459.75	125	24.52	22.5
3.5	250.00	250	20.00	20
4	363.33	35	16.50	13.5
5	207.25	57.5	33.63	30
6	70.00	70	30.00	30
7	279.87	72.5	21.28	20
10	268.00	140	22.29	20
12	380.00	380	15.00	15
14	27.50	27.5	50.00	50
15	463.29	80	15.00	10
20	365.00	365	18.00	18
30	560.86	100	20.43	8
合计	286.77	60	22.41	20

表 4－18 描述的是企业办理营业执照过程中，代办企业收取的费用与 2017 年企业经营绩效（2017 年企业营业总收入、2017 年企业毛利润率）的情况。其中，毛利润率为毛利润与销售额之比，毛利润为销售收入扣除主营业务的直接费用后的利润。

表 4－18　企业营业执照代办费用与 2017 年企业经营绩效的情况

营业执照代办费用（元）	2017 年企业营业总收入（万元）		2017 年企业毛利润率（%）	
	均值	中位数	均值	中位数
0	325.16	100	19.23	17.5

续表

营业执照代办费用（元）	2017 年企业营业总收入（万元）		2017 年企业毛利润率（%）	
	均值	中位数	均值	中位数
1	0.00	0	0.00	0
1.5	120.00	120	10.00	10
200	250.00	250	20.00	20
300	366.67	200	20.00	20
500	220.40	75	18.00	10
600	100.00	100	10.00	10
800	710.00	400	21.78	15
1000	266.36	60	22.38	20
1100	0.00	0	0.00	0
1200	2253.33	500	19.00	15
1300	60.00	60	30.00	30
1400	18.50	18.5	20.00	20
1500	465.00	90	22.88	22.5
1600	15.00	15	10.00	10
1900	45.00	45	40.00	40
2000	184.47	96	28.53	20
2500	600.00	150	28.83	17.5
3000	186.39	55	24.61	27.5
3500	136.67	10	14.33	18
4000	284.00	300	15.40	10
4600	120.00	120	15.00	15
5000	414.00	300	15.15	13.5

续表

营业执照代办费用（元）	2017年企业营业总收入（万元）		2017年企业毛利润率（%）	
	均值	中位数	均值	中位数
10000	250.00	300	31.67	30
10800	1000.00	1000	33.00	33
20000	100.00	100	15.00	15
合计	346.83	100	22.03	20

注：该表在提取数据时，对一些极端数据进行了处理。

表4－19描述的是企业办理工商营业执照费用与2017年企业经营绩效（2017年企业营业总收入、2017年企业毛利润率）的情况。其中，毛利润率为毛利润与销售额之比，毛利润为销售收入扣除主营业务的直接费用后的利润。

表4－19　企业办理工商营业执照费用与2017年企业经营绩效的情况

办理工商营业执照费用（元）	2017年企业营业总收入（万元）		2017年企业毛利润率（%）	
	均值	中位数	均值	中位数
0	50.00	265.40	20.00	22.63
1	300.50	300.5	13.00	13
5	5.00	5	60.00	60
10	10.00	10	10.00	10
15	300.00	331.33	30.00	26
20	20.00	16.67	30.00	33.33
50	405.00	405	30.00	30
80	88.00	88	20.00	20
100	30.00	218.55	30.00	26.45
112	3.50	3.5	30.00	30

续表

办理工商营业执照费用（元）	2017年企业营业总收入（万元）		2017年企业毛利润率（%）	
	均值	中位数	均值	中位数
120	25.50	25.5	41.00	41
125	3.60	3.6	50.00	50
150	0.00	0	0.00	0
167	10.00	10	30.00	30
200	50.00	297.43	15.00	18.61
245	6.00	6	0.00	0
300	55.00	830.25	27.50	32
360	700.00	700	30.00	30
400	118.00	118	24.00	24
450	200.00	200	18.00	18
500	28.00	276.5	30.00	27.5
600	150.00	150	80.00	80
650	50.00	50	10.00	10
700	25.00	25	2.00	2
800	50.00	50	10.00	10
1000	180.00	209.55	5.00	12.73
1200	500.00	500	20.00	20
1500	22.00	107.53	5.00	10.83
2000	200.00	797.43	13.00	36.57
3000	200.00	366.67	17.50	17.5
4500	100.00	100	5.00	5
5000	412.50	412.5	17.50	17.5
6000	7.00	7	20.00	20
合计	50.00	279.21	20.00	23.19

表4-20描述的是企业办理许可证或审批手续费用与2017年企业经营绩效（2017年企业营业总收入、2017年企业毛利润率）

的情况。其中，毛利润率为毛利润与销售额之比，毛利润为销售收入扣除主营业务的直接费用后的利润。

表 4－20　企业办理许可证或审批手续费用与 2017 年企业经营绩效的情况

办理许可证或审批手续费用（元）	2017 年企业营业总收入（万元）		2017 年企业毛利润率（%）	
	均值	中位数	均值	中位数
0	432.59	52.5	27.52407	30
5	5.00	5	60.00	60
10	40.00	40	30.00	30
15	36.00	36	30.00	30
20	1000.00	1000	5.00	5
50	605.00	605	40.00	40
100	353.33	50	13.67	15
120	2.00	2	50.00	50
125	3.60	3.6	50.00	50
150	12.00	12	0.00	0
200	169.40	20	17.21	20
300	270.50	140	20.00	20
380	6.00	6	52.00	52
400	77.50	77.5	20.00	20
450	130.00	130	25.00	25
500	191.00	58	20.00	20
800	125.00	125	20.00	20
1000	293.64	80	18.93	15
1080	700.00	700	30.00	30
1200	432.50	432.5	19.00	19
1500	7.50	7.5	27.50	27.5
1600	30.00	30	20.00	20
1700	45.00	45	40.00	40
2000	430.60	50	29.87	20
2500	20.00	20	20.00	20
30000	495.00	475	33.13	28.75

表 4-21 描述的是企业开立企业银行账户费用与 2017 年企业经营绩效（2017 年企业营业总收入、2017 年企业毛利润率）的情况。其中毛利润率为毛利润与销售额之比，毛利润为销售收入扣除主营业务的直接费用后的利润。

表 4-21 企业开立企业银行账户费用与 2017 年企业经营绩效的情况

开立企业银行账户费用（元）	2017 年企业营业总收入（万元）		2017 年企业毛利润率（%）	
	均值	中位数	均值	中位数
0	293.94	50	23.65	20
1	13.67	10	27.33	1
5	18.00	18	9.00	9
10	151.14	20	22.14	15
20	383.33	100	14.00	12
30	400.00	400	12.50	12.5
50	418.25	200	18.60	20
100	418.80	180	21.40	10
120	10.00	10	50.00	50
150	1007.50	1007.5	22.50	22.5
200	286.92	80	29.77	30
250	140.00	140	45.00	45
260	600.00	600	20.00	20
280	5.00	5	-5.00	-5
300	141.00	46	23.80	12.5
330	50.00	50	15.00	15
400	28.00	28	29.00	29
420	300.00	300	35.00	35
450	658.00	658	18.00	18
500	920.30	144	19.30	20
600	42.00	42	10.00	10

续表

开立企业银行账户费用（元）	2017年企业营业总收入（万元）		2017年企业毛利润率（%）	
	均值	中位数	均值	中位数
800	100.00	100	15.00	15
1000	192.61	65	16.11	10
1200	365.00	365	18.00	18
2000	264.00	60	11.50	15
3000	0.00	0	0.00	0
4000	70.00	70	27.50	27.5
6000	300.00	300	60.00	60
10000	200.00	200	30.00	30
合计	301.87	60	22.74	20

表4－22描述的是企业办理税务登记费用与2017年企业经营绩效（2017年企业营业总收入、2017年企业毛利润率）的情况。其中毛利润率为毛利润与销售额之比，毛利润为销售收入扣除主营业务的直接费用后的利润。

表4－22　企业办理税务登记费用与2017年企业经营绩效的情况

办理税务登记费用（元）	2017年企业营业总收入（万元）		2017年企业毛利润率（%）	
	均值	中位数	均值	中位数
0	254.12	50	22.75	20
1	17.00	10	10.67	1
5	88.00	88	20.00	20
10	60.00	60	20.00	20
50	120.00	120	15.00	15
100	921.00	921	31.50	31.5
150	15.00	15	40.00	40
200	168.75	91.25	26.43	20

续表

办理税务登记费用（元）	2017 年企业营业总收入（万元）		2017 年企业毛利润率（%）	
	均值	中位数	均值	中位数
230	50.00	50	12.00	12
300	36.00	36	8.00	8
500	179.00	70	29.17	17.5
550	45.00	45	40.00	40
600	166.00	15	13.33	10
700	275.00	275	4.00	4
800	683.33	800	11.00	10
1000	452.10	78	8.75	10
1200	50.00	50	40.00	40
2000	299.00	100	32.00	20
2500	20.00	20	20.00	20
2800	30.00	30	70.00	70
3000	170.00	90	10.50	1
4000	20.00	20	40.00	40
5000	600.00	600	30.00	30
合计	256.53	50	22.28	20

表 4－23 描述的是企业刻制印章费用与 2017 年企业经营绩效（2017 年企业营业总收入、2017 年企业毛利润率）的情况。其中，毛利润率为毛利润与销售额之比，毛利润为销售收入扣除主营业务的直接费用后的利润。

表 4－23　企业刻制印章费用与 2017 年企业经营绩效的情况

刻制印章费用（元）	2017 年企业营业总收入（万元）		2017 年企业毛利润率（%）	
	均值	中位数	均值	中位数
0	99.29	20	28.00	30
1	5.50	5.5	1.00	1
10	20.00	20	30.00	30

续表

刻制印章费用（元）	2017 年企业营业总收入（万元）		2017 年企业毛利润率（%）	
	均值	中位数	均值	中位数
20	525.00	525	35.00	35
25	10.00	10	0.00	0
30	105.88	30	38.75	35
40	20.00	20	10.00	10
50	255.68	52.5	25.36	20
60	5.00	5	30.00	30
70	252.00	252	2.00	2
75	1000.00	1000	30.00	30
80	22.00	12	31.40	25
90	36.00	36	30.00	30
100	392.85	82.5	16.64	17.5
110	60.00	60	0.00	0
120	501.57	96	24.43	15
130	17.00	17	40.00	40
150	119.13	55	23.75	20
160	325.00	325	15.00	15
180	50.00	50	12.00	12
200	602.27	95	19.08	15
230	40.00	40	30.00	30
240	80.00	80	7.00	7
245	6.00	6	0.00	0
250	148.30	87.5	24.50	22.5
260	180.00	180	35.00	35
280	70.00	70	45.00	45
300	460.67	100	20.92	20
320	471.00	471	27.50	27.5
340	0.00	0	0.00	0

续表

刻制印章费用（元）	2017 年企业营业总收入（万元）		2017 年企业毛利润率（%）	
	均值	中位数	均值	中位数
350	396.00	480	17.67	18
360	110.00	110	30.00	30
400	241.25	230	26.25	25
420	250.00	250	20.00	20
450	140.50	160	25.75	26.5
480	120.00	120	15.00	15
500	435.50	81.5	15.00	10
520	260.00	260	20.00	20
550	3.00	3	15.00	15
600	218.18	100	29.27	30
690	800.00	800	20.00	20
700	180.00	95	31.25	37.5
750	240.00	240	35.00	35
800	363.17	175	24.17	30
850	155.00	155	40.00	40
900	200.00	200	47.50	47.5
1000	289.89	100	15.89	20
1200	205.00	205	15.00	15
1500	147.50	45	9.00	10.5
1600	50.00	50	30.00	30
2000	233.75	240	19.00	20.5
3000	0.00	0	0.00	0
4000	20.00	20	40.00	40
合计	304.06	60	22.47	20

表 4－24 描述的是企业在办理与关税、税收、管制和政府服务有关事项时，一般需要向政府或国企支付的非正常费用与 2017 年

企业经营绩效（2017年企业营业总收入、2017年企业毛利润率）的情况。其中，毛利润率为毛利润与销售额之比，毛利润为销售收入扣除主营业务的直接费用后的利润。

表4－24　企业支付的非正常费用与2017年企业经营绩效的情况

非正常费用（万元）	2017年企业营业总收入（万元）		2017年企业毛利润率（%）	
	均值	中位数	均值	中位数
0	353.32	60	22.56	20
0.02	15.00	15	40.00	40
0.1	182.67	36	23.33	30
0.2	181.33	40	.00	2
0.3	380.00	380	15.00	15
0.5	15.50	15.5	1.00	1
1	1010.00	1010	34.00	34
2	2000.00	2000	5.00	5
3	150.00	150	40.00	40
5	2000.00	2000	15.00	15
10	371.67	100	14.33	10
15	450.00	450	15.00	15
900	96.00	96	10.00	10
1000	100.00	100	5.00	5
合计	357.98	64	22.32	20

表4－25描述的是企业在提交自建厂房或办公楼审批或许可证申请后至获批准的天数与2017年企业经营绩效（2017年企业营业总收入、2017年企业毛利润率）的情况。其中，毛利润率为毛利润与销售额之比，毛利润为销售收入扣除主营业务的直接费用后的利润。

表 4－25　自建厂房或办公楼审批或许可证申请后至获批准天数与 2017 年企业经营绩效的情况

自提交自建厂房或办公楼审批或许可证申请后至获批准的天数	2017 年企业营业总收入（万元）		2017 年企业毛利润率（%）	
	均值	中位数	均值	中位数
0	14.00	12	41.67	50
1	90.00	90	30.00	30
2	25.00	25	9.00	9
3	415.00	415	10.00	10
5	50.00	50	20.00	20
7	315.38	70	29.00	30
10	450.00	450	65.00	65
14	42.00	42	10.00	10
15	416.00	500	7.80	5
20	800.00	800	7.00	7
30	498.89	180	16.67	15
90	6000.00	6000	15.00	15
180	500.00	500	15.00	15
合计	486.50	100	22.13	20

表 4－26 描述的是企业提交供电申请至接通的天数与 2017 年企业经营绩效（2017 年企业营业总收入、2017 年企业毛利润率）的情况。其中，毛利润率为毛利润与销售额之比，毛利润为销售收入扣除主营业务的直接费用后的利润。

表 4－26　提交供电申请至接通天数与 2017 年企业经营绩效的情况

提交供电申请至接通的天数	2017 年企业营业总收入（万元）		2017 年企业毛利润率（%）	
	均值	中位数	均值	中位数
2	500.00	500	20.00	20
3	164.00	150	23.33.00	30
4	450.00	450	15.00	15

续表

提交供电申请至接通的天数	2017 年企业营业总收入（万元）		2017 年企业毛利润率（%）	
	均值	中位数	均值	中位数
6	20.00	20	5.00	5
7	20.00	20	20.00	20
15	6000.00	6000	15.00	15
25	1500.00	1500	34.00	34
30	1025.00	750	22.25	13
45	1500.00	1500	10.00	10
60	3266.67	3000	13.67	13
90	750.00	750	15.00	15
合计	1369.10	750	19.15	15

表 4－27 描述的是企业办理与报税有关手续共花费天数与 2017 年企业经营绩效（2017 年企业营业总收入、2017 年企业毛利润率）的情况。其中，毛利润率为毛利润与销售额之比，毛利润为销售收入扣除主营业务的直接费用后的利润。

表 4－27　企业办理与报税有关手续共花费天数与 2017 年企业经营绩效的情况

企业办理与报税有关手续共花费的天数	2017 年企业营业总收入（万元）		2017 年企业毛利润率（%）	
	均值	中位数	均值	中位数
0.5	534.93	88	24.61	25
1	214.60	55	23.09	20
2	288.70	175	20.13	15
2.5	833.33	300	18.33	20
3	136.28	40	24.94	25
4	66.67	10	－13.00	0
5	893.18	400	24.55	15
6	367.17	125	23.33	15
7	450.84	108	23.10	17
10	280.50	25	29.88	32.5
12	402.31	91.25	19.18	20
14	207.50	207.5	14.00	14

续表

企业办理与报税有关手续共花费的天数	2017年企业营业总收入（万元）		2017年企业毛利润率（%）	
	均值	中位数	均值	中位数
15	330.13	50	12.75	10
16	3.00	3	15.00	15
24	921.00	921	11.50	11.5
25	600.00	600	20.00	20
30	291.23	120	8.00	5
35	500.00	500	2.00	2
40	20.00	20	40.00	40
45	180.00	180	40.00	40
50	1000.00	1000	30.00	30
60	10.00	10	30.00	30
90	15.00	15	55.00	55
100	6000.00	6000	15.00	15
365	30.00	30	8.00	8
合计	379.27	80	21.49	18

表4－28描述的是企业家对本地法院公平程度的评价分值与2017年企业经营绩效（2017年企业营业总收入、2017年企业毛利润率）的情况。其中分值区间为1～5分，1分为非常不公平，5分为非常公平；毛利润率为毛利润与销售额之比，毛利润为销售收入扣除主营业务的直接费用后的利润。

表4－28　企业家对本地法院公平程度的评价分值与2017年企业经营绩效的情况

对本地法院的公平程度评分	2017年企业营业总收入（万元）		2017年企业毛利润率（%）	
	均值	中位数	均值	中位数
1	92.50	27.5	23.17	22.5
2	457.47	180	19.33	20
3	442.57	75	22.45	20
4	434.52	70	23.54	20
5	253.44	85	19.83	20
合计	390.52	75	22.22	20

表4－29描述的是企业家对本地政府招投标公平程度的评价分

值与2017年企业经营绩效（2017年企业营业总收入、2017年企业毛利润率）的情况。其中分值的分布为1～5分，1分为非常不公平，5分为非常公平；毛利润率为毛利润与销售额之比，毛利润为销售收入扣除主营业务的直接费用后的利润。

表4－29　企业家对本地政府招投标公平程度的评价分值与2017年企业经营绩效的情况

对本地政府部门招投标公平程度打分	2017年企业营业总收入（万元）		2017年企业毛利润率（%）	
	均值	中位数	均值	中位数
1	453.57	50	18.86	12.5
2	617.07	120	13.67	10
3	321.87	65	26.44	20
4	511.98	120	22.15	25
5	189.44	55	24.44	20
合计	402.19	80	22.81	20

表4－30描述的是企业家对本地政府部门在行政审批中遵章守纪程度的评价分值与2017年企业经营绩效（2017年企业营业总收入、2017年企业毛利润率）的情况。其中分值的分布为1～5分，1分为不遵章守纪，5分为遵章守纪；毛利润率为毛利润与销售额之比，毛利润为销售收入扣除主营业务的直接费用后的利润。

表4－30　企业家对本地政府部门在行政审批中遵章守纪程度的评价分值与2017年企业经营绩效的情况

对本地政府部门在行政审批中的遵章守纪程度打分	2017年企业营业总收入（万元）		2017年企业毛利润率（%）	
	均值	中位数	均值	中位数
1	59.44	45	20.44	20
2	485.00	110	19.58	15
3	356.55	63	23.72	20
4	467.29	82	23.70	20
5	728.19	80	19.92	20
合计	489.39	80	22.55	20

表4－31描述的是政府机关公布本地失信人员名单对企业约束力程度分值与2017年企业经营绩效（2017年企业营业总收入、2017年企业毛利润率）的情况。其中，分值的分布为1～5分，1分为无约束力，5分为具有巨大约束力；毛利润率为毛利润与销售额之比，毛利润为销售收入扣除主营业务的直接费用后的利润。

表4－31 政府机关公布本地失信人员名单对企业约束力程度分值与2017年企业经营绩效的情况

政府机关公布失信人员名单对企业约束力程度分值	2017年企业营业总收入（万元）		2017年企业毛利润率（%）	
	均值	中位数	均值	中位数
1	240.88	45	25.42	22.5
2	561.06	100	14.26	10
3	259.70	80	24.55	20
4	823.28	70	25.07	20
5	434.45	100	20.12	20
合计	492.11	80	22.39	20

4.3 社会信任与企业发展

本节内容旨在分析社会信任与企业发展的关系，将分别从企业家创业选择、企业经营绩效两个维度进行展现。

4.3.1 社会信任与创业选择

表4－32描述的是企业家创业次数与企业家对社会信任的情况。其中，认为大多数人是可以相信的为1，越小心越好为2；其余分值越小，则表示越不满意或越不信任，分值高则表示越满意或越信任。

表 4－32　企业家创业次数与企业家对社会信任的情况

企业家创业次数	企业家对本地企业在 2017 年的合同履约情况评分		企业家对政府机关公布的失信人员名单对企业的约束力评分		企业家认为大多数人是可以相信的为 1，越小心越好为 2		企业家对邻居信任度评分		企业家对老乡信任度评分		企业家对陌生人信任度评分		企业家对本地政府官员信任度评分		企业家对医生信任度评分	
	均值	中位数	均值	中位数	均值	中位数	均值	中位数	均值	中位数	均值	中位数	均值	中位数	均值	中位数
0	3.57	4	3.80	4	1.26	1	7.04	7	6.89	7	4.25	5	5.65	5	6.41	7
1	3.62	4	3.66	4	1.27	1	7.01	7	6.82	7	4.36	5	5.33	5	6.15	6
2	3.63	4	3.65	4	1.24	1	7.15	8	6.70	7	5.12	5	5.46	5	5.70	6
3	3.71	4	3.71	4	1.28	1	6.82	8	6.56	7	4.57	5	5.13	5	6.12	6
4	3.58	4	4.00	4	1.24	1	6.43	7.5	7.12	7	3.50	3	5.25	4.5	6.18	6
5	3.67	4	4.75	5	1.75	2	5.00	6	4.75	5	3.25	3.5	3.00	2.5	5.25	5
6	3.50	4	3.50	3.5	1.17	1	6.57	7	7.43	8	5.67	6	4.60	5	6.83	7
7	3.20	3	4.00	4.5	1.00	1	5.75	6.5	6.40	6	4.25	4	5.75	5.5	5.40	7
9	4.00	4	5.00	5	1.00	1	10.00	10	10.00	10	9.00	9	—	—	—	—
11	4.00	4	5.00	5	1.00	1	8.00	8	8.00	8	6.00	6	8.00	8	7.00	7
13	2.00	2	3.00	3	2.00	2	0.00	0	0.00	0	0.00	0	—	—	10.00	10
合计	3.59	4	3.75	4	1.26	1	7.00	7	6.84	7	4.34	5	5.49	5	6.27	7

4.3.2　社会信任与企业经营绩效

表 4－33 描述的是企业家对本地企业在 2017 年合同履约情况打分分值与 2017 年企业经营绩效（2017 年企业营业总收入、2017 年企业毛利润率）的情况。其中分值区间为 1～5 分，1 分为非常不满意，5 分为非常满意；毛利润率为毛利润与销售额之比，毛利润为销售收入扣除主营业务的直接费用后的利润。

表 4－33　企业家对本地企业在 2017 年合同履约情况打分与 2017 年企业经营绩效

对本地企业在 2017 年合同履约情况打分（分）	2017 年企业营业总收入（万元）		2017 年企业毛利润率（%）	
	均值	中位数	均值	中位数
1	1015.20	100	21.30	20
2	299.90	45	19.94	17.75
3	331.41	75	20.80	20
4	528.58	96	24.37	20
5	688.60	71.5	25.72	25
合计	481.25	80	23.05	20

表 4－34 描述的是企业家对大多数人信任与否与 2017 年企业经营绩效（2017 年企业营业总收入、2017 年企业毛利润率）的情况。其中 1 表示企业家认为大多数人是可以相信的，2 表示与人相处越小心越好；毛利润率为毛利润与销售额之比，毛利润为销售收入扣除主营业务的直接费用后的利润。

表 4－34　企业家对大多数人信任与否与 2017 年企业经营绩效

1 表示企业家认为大多数人是可以相信的，2 表示与人相处越小心越好	2017 年企业营业总收入（万元）		2017 年企业毛利润率（%）	
	均值	中位数	均值	中位数
1	502.85	80	23.23	20

续表

1表示企业家认为大多数人是可以相信的，2表示与人相处越小心越好	2017年企业营业总收入（万元）		2017年企业毛利润率（%）	
	均值	中位数	均值	中位数
2	227.49	31.5	21.22	20
合计	438.06	60	22.75	20

表4－35描述的是企业家对邻居的信任度与2017年企业经营绩效（2017年企业营业总收入、2017年企业毛利润率）的情况。其中，分值区间为0～10分，0分为非常不信任，10分为非常信任；毛利润率为毛利润与销售额之比，毛利润为销售收入扣除主营业务的直接费用后的利润。

表4－35 企业家对邻居的信任度与2017年企业经营绩效

企业家对邻居信任度打分（分）	2017年企业营业总收入（万元）		2017年企业毛利润率（%）	
	均值	中位数	均值	中位数
0	151.50	98	23.25	22.5
1	12.50	12.5	32.50	32.5
2	61.88	12.5	24.25	11
3	38.80	20	22.30	11.5
4	242.85	91.5	18.81	9
5	290.11	50	21.85	20
6	362.64	50	25.11	25
7	295.43	60	24.62	22.5
8	728.49	100	21.01	18
9	370.28	75	23.62	20
10	573.62	65	21.68	17.5
合计	441.19	61.5	22.67	20

表4－36描述的是企业家对老乡的信任度与2017年企业经营绩效（2017年企业营业总收入、2017年企业毛利润率）的情况。其

中，分值区间为 0 ~ 10 分，0 分为非常不信任，10 分为非常信任；毛利润率为毛利润与销售额之比，毛利润为销售收入扣除主营业务的直接费用后的利润。

表 4 - 36　企业家对老乡的信任度与 2017 年企业经营绩效

企业家对老乡的信任度打分（分）	2017 年企业营业总收入（万元）		2017 年企业毛利润率（%）	
	均值	中位数	均值	中位数
0	173.67	20	27.00	30
1	1101.25	950	13.50	11.5
2	38.14	20	36.43	40
3	439.08	45	18.62	5
4	161.07	80	24.71	20
5	282.55	80	22.77	20
6	285.68	50	24.84	25
7	864.72	60	24.69	20
8	523.99	100	20.44	20
9	324.19	60	23.21	20
10	226.04	45	21.45	20
合计	441.24	65	22.77	20

表 4 - 37 描述的是企业家对陌生人的信任度与 2017 年企业经营绩效（2017 年企业营业总收入、2017 年企业毛利润率）的情况。其中，分值区间为 0 ~ 10 分，0 分为非常不信任，10 分为非常信任；毛利润率为毛利润与销售额之比，毛利润为销售收入扣除主营业务的直接费用后的利润。

表 4 - 37　企业家对陌生人的信任度与 2017 年企业经营绩效

企业家对陌生人信任度打分（分）	2017 年企业营业总收入（万元）		2017 年企业毛利润率（%）	
	均值	中位数	均值	中位数
0	338.08	45	20.54	17.5

续表

企业家对陌生人信任度打分（分）	2017 年企业营业总收入（万元）		2017 年企业毛利润率（%）	
	均值	中位数	均值	中位数
1	171.06	55	24.00	17.5
2	363.17	77.5	25.63	30
3	400.42	65	20.55	19
4	610.93	50	28.22	25
5	450.36	60	21.43	20
6	537.29	100	21.73	20
7	326.38	30	28.50	30
8	502.27	80	23.35	17.5
9	275.00	275	20.00	20
10	1078.75	355	18.59	9
合计	440.27	61.5	22.66	20

表 4－38 描述的是企业家对本地政府官员的信任度与 2017 年企业经营绩效（2017 年企业营业总收入、2017 年企业毛利润率）的情况。其中，分值区间为 0～10 分，0 分为非常不信任，10 分为非常信任；毛利润率为毛利润与销售额之比，毛利润为销售收入扣除主营业务的直接费用后的利润。

表 4－38　企业家对本地政府官员的信任度与 2017 年企业经营绩效

企业家对本地政府官员信任度打分（分）	2017 年企业营业总收入（万元）		2017 年企业毛利润率（%）	
	均值	中位数	均值	中位数
0	265.37	50	21.71	18
1	377.00	25	22.00	15.5
2	381.59	84	25.74	30
3	314.77	90	27.75	27.5
4	955.39	88	21.52	20

续表

企业家对本地政府官员信任度打分（分）	2017年企业营业总收入（万元）		2017年企业毛利润率（%）	
	均值	中位数	均值	中位数
5	270.55	50	23.40	20
6	246.70	72.5	25.06	22.5
7	461.94	100	20.81	20
8	485.91	84	22.90	20
9	1867.47	130	25.74	20
10	385.28	50	16.42	10
合计	446.20	64	22.99	20

表4-39描述的是企业家对医生的信任度与2017年企业经营绩效（2017年企业营业总收入、2017年企业毛利润率）的情况。其中，分值区间为0~10分，0分为非常不信任，10分为非常信任；毛利润率为毛利润与销售额之比，毛利润为销售收入扣除主营业务的直接费用后的利润。

表4-39　企业家对医生的信任度与2017年企业经营绩效

企业家对医生的信任度打分（分）	2017年企业营业总收入（万元）		2017年企业毛利润率（%）	
	均值	中位数	均值	中位数
0	372.87	60	22.53	15
1	800.00	300	11.50	8
2	241.38	80	17.19	17.5
3	212.91	60	22.68	20
4	1343.23	400	12.46	10
5	222.35	52.5	23.10	20
6	480.77	55	27.93	25
7	299.41	80	24.69	25
8	802.68	68	23.23	20
9	269.89	120	19.30	20
10	238.72	50	20.63	15
合计	428.45	68	22.74	20

4.4　企业家信心与企业发展

本节内容旨在分析企业家信心与企业发展的关系，将分别从企业家创业选择、企业经营绩效两个维度进行展现。

4.4.1　企业家信心与创业选择

表4－40描述的是企业家创业次数与企业家信心的情况。除2017年企业家以个人或企业名义捐过款为1、没捐过款为2外，其余分值区间为1～5分，1分为非常容易，或低约束力，或非常不满意，或没有信心，5分为非常困难，或高约束力，或非常满意，或非常有信心。

4.4.2　企业家信心与企业经营绩效

表4－41描述的是企业家对所在行业技术发展前景难易度评分与2017年企业经营绩效（2017年企业营业总收入、2017年企业毛利润率）的情况。其中，分值区间为1～5分，1分为非常容易，5分为非常困难；毛利润率为毛利润与销售额之比，毛利润为销售收入扣除主营业务的直接费用后的利润。

表4－42描述的是企业家对所在行业技术开发到市场应用难易度评分与2017年企业经营绩效（2017年企业营业总收入、2017年企业毛利润率）的情况。其中分值区间为1～5分，1分为非常容易，5分为非常困难；毛利润率为毛利润与销售额之比，毛利润为销售收入扣除主营业务的直接费用后的利润。

表 4－40　企业家创业次数与企业家信心的情况

企业家创业次数	企业家对所在行业技术发展前景难易度评分（分）		企业家对所在行业技术开发到市场应用的难易度评分（分）		企业家对政府机关公布失信人员名单对企业的约束力评分（分）		2017 年企业家以个人或企业名义捐过款为 1，没捐过款为 2		企业家对自己生活满意度评分（分）		企业家对自己未来信心程度（分）	
	均值	中位数	均值	中位数	均值	中位数	均值	中位数	均值	中位数	均值	中位数
0	3.28	3	3.21	3	3.80	4	1.52	2	3.76	4	4.17	4
1	3.35	3	3.29	3	3.66	4	1.38	1	3.60	4	4.14	4
2	3.31	3	3.47	3	3.65	4	1.42	1	3.93	4	4.27	4.5
3	3.23	3	2.77	3	3.71	4	1.29	1	4.11	4	4.39	5
4	3.40	3	2.93	3	4.00	4	1.24	1	3.47	3	4.35	5
5	4.25	4.5	4.33	5	4.75	5	1.00	1	3.50	3.5	4.00	4
6	2.50	2.5	2.50	2.5	3.50	3.5	1.43	1	4.00	5	3.71	5
7	4.00	4	4.50	4.5	4.00	4.5	1.00	1	4.20	4	4.40	5
9	—	—	—	—	5.00	5	2.00	2	5.00	5	5.00	5
11	2.00	2	3.00	3	5.00	5	1.00	1	4.00	4	5.00	5
13	4.00	4	—	—	3.00	3	1.00	1	3.00	3	1.00	1
合计	3.30	3	3.24	3	3.75	4	1.45	1	3.73	4	4.18	4

表 4－41　企业家对所在行业技术发展前景难易度评分与 2017 年企业经营绩效

企业家对所在行业技术发展前景难易度评分（分）	2017 年企业营业总收入（万元）		2017 年企业毛利润率（%）	
	均值	中位数	均值	中位数
1	480.89	50	21.78	18
2	224.61	77.5	24.37	22.5
3	588.78	72.5	23.46	20
4	537.02	90	23.47	20
5	224.19	55	20.28	15
合计	455.48	70	22.84	20

表 4－42　企业家对所在行业技术开发到市场应用难易度评分与 2017 年企业经营绩效

企业家对所在行业的技术开发到市场应用难易度评分（分）	2017 年企业营业总收入（万元）		2017 年企业毛利润率（%）	
	均值	中位数	均值	中位数
1	360.29	75	24.78	20
2	602.66	100	21.99	20
3	283.45	63	23.84	20
4	921.85	100	22.38	22.5
5	280.30	50	20.30	15
合计	455.55	70	22.84	20

表 4－43 描述的是企业家 2017 年捐款与否与 2017 年企业经营绩效（2017 年企业营业总收入、2017 年企业毛利润率）的情况。其中，1 表示企业家在 2017 年以个人或企业名义捐过款，2 表示无；毛利润率为毛利润与销售额之比，毛利润为销售收入扣除主营业务的直接费用后的利润。

表 4－43　企业家 2017 年捐款与否与 2017 年企业经营绩效

1 表示企业家在 2017 年以个人或企业名义捐过款，2 表示无	2017 年企业营业总收入（万元）		2017 年企业毛利润率（%）	
	均值	中位数	均值	中位数
1	473.29	80	23.05	20
2	393.71	50	21.88	20
合计	440.52	61.5	22.57	20

表 4－44 描述的是企业家对自己生活的满意度与 2017 年企业经营绩效（2017 年企业营业总收入、2017 年企业毛利润率）的情况。其中，分值区间为 1～5 分，1 分为非常不满意，5 分为非常满意；毛利润率为毛利润与销售额之比，毛利润为销售收入扣除主营业务的直接费用后的利润。

表 4－44　企业家对自己生活的满意度与 2017 年企业经营绩效

企业家对自己生活的满意度评分（分）	2017 年企业营业总收入（万元）		2017 年企业毛利润率（%）	
	均值	中位数	均值	中位数
1	83.93	37.5	18.00	10
2	173.55	30	22.12	20
3	305.26	50	23.57	20
4	644.86	80	22.95	20
5	316.65	85	21.50	20
合计	435.67	68	22.61	20

表 4－45 描述的是企业家对自己未来的信心与 2017 年企业经营绩效（2017 年企业营业总收入、2017 年企业毛利润率）的情况。其中，分值区间为 1～5 分，1 分为完全没有信心，5 分为非常有信心；毛利润率为毛利润与销售额之比，毛利润为销售收入扣除主营业务的直接费用后的利润。

表 4－45　企业家对自己未来的信心与 2017 年企业经营绩效

企业家对自己未来的信心打分（分）	2017 年企业营业总收入（万元）		2017 年企业毛利润率（%）	
	均值	中位数	均值	中位数
1	220.90	100	17.80	25
2	115.90	41.5	20.21	20
3	119.00	20	28.00	25
4	552.61	80	20.70	18
5	449.80	86	22.99	20
合计	438.61	68	22.56	20

本章的分析显示，广东省营商环境的改善，虽然会吸引大量创业者进入市场，但这似乎对在营企业的经营业绩没有统计学意义上的影响。换言之，企业的发展更多地依赖于其自身条件，与宏观层面的营商环境等因素关系不大。然而，企业家对社会的信任程度，以及对未来的信心等主观判断，和企业的发展密切相关。相信他人或者未来的企业家，其营业总收入或者毛利润相对较高。

第 5 章　民营企业家主观画像

本章旨在以企业家的主观感受为分析标准进行统计描述，刻画企业家形象。主观画像的维度包括：幸福感、生活满意度、人际关系、风险偏好、未来信心、子女继承和个人成就动因评估（见表5－1）。

表 5－1　企业家主观画像维度

主观画像的维度	衡量方式
幸福感（0～10 分）	企业家对自己幸福的程度评分，越幸福分数越高，最低为 0 分，最高为 10 分
生活满意度（1～5 分）	企业家对自己生活的满意程度评分，越满意分数越高，最低为 1 分，最高为 5 分
人际关系（0～10 分）	企业家对自己人际关系的好坏程度评分，越好分数越高，最低为 0 分，最高为 10 分
风险偏好（1～10 分）	企业家对风险的偏好程度评分，越偏好风险分数越高，最低为 1 分，最高为 10 分
未来信心（1～5 分）	企业家对未来的信心程度评分，越有信心分数越高，最低为 1 分，最高为 5 分
子女继承（1，0）	企业家希望子女继承企业的为 1，否则为 0
个人成就动因：家庭社会地位（1～5 分）	企业家认为家庭社会地位对其成就的重要程度，越重要分数越高，最低为 1 分，最高为 5 分

续表

主观画像的维度	衡量方式
个人成就动因：家庭经济条件（1 ~ 5 分）	企业家认为家庭经济条件对其成就的重要程度，越重要分数越高，最低为 1 分，最高为 5 分
个人成就动因：受教育程度（1 ~ 5 分）	企业家认为受教育程度对其成就的重要程度，越重要分数越高，最低为 1 分，最高为 5 分
个人成就动因：天赋（1 ~ 5 分）	企业家认为天赋对其成就的重要程度，越重要分数越高，最低为 1 分，最高为 5 分
个人成就动因：努力程度（1 ~ 5 分）	企业家认为努力程度对其成就的重要程度，越重要分数越高，最低为 1 分，最高为 5 分
个人成就动因：家里有关系（1 ~ 5 分）	企业家认为家里有关系对其成就的重要程度，越重要分数越高，最低为 1 分，最高为 5 分
个人成就动因：运气（1 ~ 5 分）	企业家认为“运气”对其成就的重要程度，越重要分数越高，最低为 1 分，最高为 5 分
个人成就动因：政府官员的帮助（1 ~ 5 分）	企业家认为政府官员的帮助对其成就的重要程度，越重要分数越高，最低为 1 分，最高为 5 分

5.1 性别差异

表 5 - 2 描述的是企业家性别和企业家主观画像各维度得分之间的关系。企业家性别分为 2 组，分别为男性企业家和女性企业家。表 5 - 2 显示，男性企业家认为自身人际关系较好，其人际关系的分数为 7.25 分。女性企业家认为自身幸福感较高，其幸福感分数为 7.23 分。企业家都认为受教育程度是个人成就的较重要动因，其分数分别为 4.04 分和 4.19 分。

表 5－2　不同性别企业家的主观画像各维度之间的得分情况

企业家对自身和社会打分	企业家性别	
	男性	女性
幸福感（0～10 分）	7.02	7.23
生活满意度（1～5 分）	3.71	3.78
人际关系（0～10 分）	7.25	7.20
风险偏好（1～10 分）	5.96	5.54
未来信心（1～5 分）	4.23	4.08
子女继承（1，0）	0.11	0.11
个人成就动因：家庭社会地位（1～5 分）	3.95	3.88
个人成就动因：家庭经济条件（1～5 分）	3.79	3.76
个人成就动因：受教育程度（1～5 分）	4.04	4.19
个人成就动因：天赋（1～5 分）	3.67	3.66
个人成就动因：努力程度（1～5 分）	4.58	4.56
个人成就动因：家里有关系（1～5 分）	3.83	3.78
个人成就动因：运气（1～5 分）	3.39	3.46
个人成就动因：政府官员的帮助（1～5 分）	3.31	3.27

5.2　年龄差异

表 5－3 描述的是企业家年龄和企业家主观画像各维度得分之间的关系。受访企业家在调查当年（2018 年）的年龄，共分为 5 组，分别为［18 岁，24 岁］、［25 岁，34 岁］、［35 岁，44 岁］、［45 岁，59 岁］和［60 岁＋）。表 5－3 显示，年龄在 60 岁及以上的企业家有很强的幸福感、对生活的满意度较高，且认为努力对自身成就很重要，其分数分别为 8.47 分、4.18 分和 4.72 分。年龄在18～24 岁的企业家风险偏好较高，其分数为 6.63 分。

表 5－3　不同年龄段企业家主观画像各维度得分情况

企业家对自身和社会打分	2018 年企业家年龄分组（岁）				
	[18，24]	[25，34]	[35，44]	[45，59]	[60＋）
幸福感（0～10 分）	7.12	7.04	7.16	7.01	8.47
生活满意程度（1～5 分）	3.61	3.70	3.76	3.82	4.18
人际关系（0～10 分）	6.45	7.25	7.29	7.42	7.11
风险偏好（1～10 分）	6.63	6.28	5.81	4.71	4.75
未来信心（1～5 分）	4.29	4.27	4.16	4.06	4.39
子女继承（1，0）	0.00	0.07	0.12	0.16	0.25
个人成就动因：家庭社会地位（1～5 分）	3.62	4.00	3.96	3.90	3.47
个人成就动因：家庭经济条件（1～5 分）	3.68	3.84	3.78	3.74	3.53
个人成就动因：受教育程度（1～5 分）	3.72	4.03	4.10	4.36	3.89
个人成就动因：天赋（1～5 分）	3.55	3.64	3.71	3.77	3.88
个人成就动因：努力程度（1～5 分）	4.52	4.59	4.56	4.62	4.72
个人成就动因：家里有关系（1～5 分）	3.68	3.87	3.85	3.80	4.00
个人成就动因：运气（1～5 分）	3.51	3.46	3.34	3.34	3.56
个人成就动因：政府官员的帮助（1～5 分）	3.38	3.36	3.23	3.28	3.69

5.3　教育差异

表 5－4 描述的是企业家教育背景和企业家主观画像各维度得分之间的关系。企业家教育背景分为 6 组，分别为没上过学、小学、初中、高中、本科和研究生。表 5－4 显示，学历越高的企业家认为自身人际关系越好，其中高中、本科、研究生学历的企业家该维度分数最高，分别为 7.27 分、7.31 分和 7.45 分。企业家认为努力程度对于自身成就很重要，其中研究生、小学与初中学历的企业家该维度分数最高，分别为 4.71 分、4.69 分和 4.63 分。

表 5-4　不同教育背景企业家主观画像各维度得分情况

企业家对自身和社会打分	教育背景					
	没上过学	小学	初中	高中	本科	研究生
幸福感（0~10 分）	6.55	7.14	7.00	6.97	7.19	7.40
生活满意程度（1~5 分）	3.40	3.58	3.75	3.74	3.76	3.62
人际关系（0~10 分）	6.58	6.86	7.14	7.27	7.31	7.45
风险偏好（1~10 分）	5.33	5.31	5.56	5.82	6.02	6.48
未来信心（1~5 分）	4.20	4.10	4.14	4.17	4.23	4.05
子女继承（1，0）	0.09	0.19	0.10	0.12	0.10	0.13
个人成就动因：家庭社会地位（1~5 分）	3.87	3.66	3.91	3.97	3.95	3.86
个人成就动因：家庭经济条件（1~5 分）	3.14	3.78	3.73	3.83	3.80	3.62
个人成就动因：受教育程度（1~5 分）	3.64	4.25	4.11	4.08	4.08	3.95
个人成就动因：天赋（1~5 分）	2.73	3.68	3.79	3.74	3.60	3.85
个人成就动因：努力程度（1~5 分）	4.43	4.69	4.63	4.57	4.54	4.71
个人成就动因：家里有关系（1~5 分）	3.58	3.84	3.78	3.88	3.80	3.76
个人成就动因：运气（1~5 分）	3.71	3.30	3.43	3.43	3.39	3.62
个人成就动因：政府官员的帮助（1~5 分）	2.50	3.44	3.28	3.28	3.32	3.19

5.4　家庭背景

5.4.1　父母创业背景

表 5-5 描述的是企业家父母创业背景和企业家主观画像各维度得分之间的关系。企业家父母创业背景分为 3 组，分别为父母都有创业经历、父母都无创业经历、父母有一方有创业经历。父母

都有创业经历的企业家的幸福感和对未来的信心很高，其相关维度分数分别为7.45分和4.36分。父母都无创业经历的企业家认为自身人际关系很好，该纬度分数为7.25分。父母有一方有创业经历的企业家认为运气很重要，该纬度分数为3.70分。

表5－5 父母具有不同创业背景的企业家主观画像各维度得分情况

企业家对自身和社会打分	家庭背景（父母创业背景）		
	都有创业经历	都无创业经历	一方有创业经历
幸福感（0～10分）	7.45	6.96	7.02
生活满意程度（1～5分）	3.86	3.74	3.68
人际关系（0～10分）	6.93	7.25	6.98
风险偏好（1～10分）	6.00	5.93	6.10
未来信心（1～5分）	4.36	4.19	4.22
子女继承（1，0）	0.19	0.12	0.16
个人成就动因：家庭社会地位（1～5分）	4.00	3.94	3.94
个人成就动因：家庭经济条件（1～5分）	4.05	3.79	3.84
个人成就动因：受教育程度（1～5分）	4.19	4.08	4.14
个人成就动因：天赋（1～5分）	3.71	3.69	3.75
个人成就动因：努力程度（1～5分）	4.64	4.57	4.59
个人成就动因：家里有关系（1～5分）	4.10	3.78	4.08
个人成就动因：运气（1～5分）	3.64	3.38	3.70
个人成就动因：政府官员的帮助（1～5分）	3.53	3.28	3.59

5.4.2 父母教育背景

表5－6描述的是企业家的父亲教育背景和企业家主观画像各维度得分之间的关系。企业家的父亲教育背景分为6组，分别为没上过学、小学、初中、高中、本科和研究生。表5－6显示，父亲

学历为初中和本科的企业家有很高的幸福感，其相关纬度分数分别为 7.18 分和 7.97 分。父亲学历为研究生的企业家认为受教育程度对于自我成就很重要，该纬度分数为 4.50 分。

表 5－6　父亲具有不同教育背景的企业家主观画像各维度得分情况

企业家对自身和社会打分	家庭背景（父亲教育背景）					
	没上过学	小学	初中	高中	本科	研究生
幸福感（0～10 分）	6.85	6.91	7.18	6.97	7.97	5.50
生活满意程度（1～5 分）	3.65	3.70	3.76	3.72	3.97	3.50
人际关系（0～10 分）	7.23	7.04	7.43	7.24	7.73	6.00
风险偏好（1～10 分）	5.94	5.69	5.95	6.12	6.32	3.00
未来信心（1～5 分）	4.07	4.12	4.25	4.29	4.28	4.50
子女继承（1，0）	0.16	0.14	0.08	0.11	0.13	0.00
个人成就动因：家庭社会地位（1～5 分）	3.82	3.98	4.04	3.88	4.03	3.50
个人成就动因：家庭经济条件（1～5 分）	3.74	3.78	3.87	3.82	3.60	3.50
个人成就动因：受教育程度（1～5 分）	4.06	4.01	4.15	4.13	4.28	4.50
个人成就动因：天赋（1～5 分）	3.73	3.69	3.67	3.66	3.86	3.50
个人成就动因：努力程度（1～5 分）	4.52	4.55	4.61	4.62	4.64	4.00
个人成就动因：家里有关系（1～5 分）	3.87	3.87	3.85	3.83	3.82	4.00
个人成就动因：运气（1～5 分）	3.53	3.47	3.33	3.39	3.52	3.00
个人成就动因：政府官员的帮助（1～5 分）	3.53	3.22	3.35	3.34	3.21	3.50

表 5－7 描述的是企业家的母亲教育背景和企业家主观画像各维度得分之间的关系。企业家的母亲教育背景分为 6 组，分别为没上过学、小学、初中、高中、本科和研究生。母亲学历越高的企业家认为受教育程度对于自身成就很重要，其中母亲学历为研究生、本科和高中的相关纬度分数较高，分别为 4.50 分、4.37 分和 4.20 分。

表 5－7　母亲具有不同教育背景的企业家主观画像各维度得分情况

企业家对自身和社会打分	家庭背景（母亲教育背景）					
	没上过学	小学	初中	高中	本科	研究生
幸福感（0～10 分）	7.00	6.97	7.13	7.23	7.69	5.50
生活满意程度（1～5 分）	3.70	3.70	3.77	3.80	3.82	3.50
人际关系（0～10 分）	7.25	7.18	7.42	7.27	7.37	6.00
风险偏好（1～10 分）	5.45	5.88	6.22	6.24	5.78	3.00
未来信心（1～5 分）	4.10	4.15	4.31	4.29	4.08	4.50
子女继承（1，0）	0.14	0.12	0.07	0.18	0.06	0.00
个人成就动因：家庭社会地位（1～5 分）	3.87	3.95	3.99	3.98	4.17	3.50
个人成就动因：家庭经济条件（1～5 分）	3.70	3.80	3.81	3.91	3.76	3.50
个人成就动因：受教育程度（1～5 分）	4.04	4.07	4.11	4.20	4.37	4.50
个人成就动因：天赋（1～5 分）	3.61	3.68	3.77	3.65	3.80	3.50
个人成就动因：努力程度（1～5 分）	4.54	4.55	4.64	4.66	4.51	4.00
个人成就动因：家里有关系（1～5 分）	3.75	3.87	3.86	3.88	3.76	4.00
个人成就动因：运气（1～5 分）	3.31	3.35	3.46	3.50	3.71	3.00
个人成就动因：政府官员的帮助（1～5 分）	3.30	3.24	3.35	3.45	3.21	3.50

5.4.3　自身子女个数

表 5－8 描述的是企业家子女个数和企业家主观画像各纬度得分之间的关系。企业家子女个数分为 7 组，分别有 0 个、1 个、2 个、3 个、4 个、5 个、6 个及以上。表 5－8 显示，无子女的企业家有很高的幸福感和风险偏好，其相关纬度分数分别为 8.50 分和 6.50 分。企业家认为受教育程度对于自身成就很重要，其中子女在 6 个及以上、无子女和有 5 个的纬度分数最高，分别为 5.00 分、4.50 分和 4.43 分。

表 5－8　有不同子女数量的企业家主观画像各纬度得分情况

企业家对自身和社会打分	家庭背景（自身子女个数）						
	0	1	2	3	4	5	6＋
幸福感（0～10 分）	8.50	7.09	7.17	7.38	7.27	5.75	7.00
生活满意程度（1～5 分）	3.50	3.74	3.80	3.77	3.54	3.14	4.00
人际关系（0～10 分）	8.00	7.21	7.37	7.42	6.88	7.50	7.67
风险偏好（1～10 分）	6.50	5.83	5.53	5.60	5.76	4.86	5.00
未来信心（1～5 分）	4.50	4.20	4.17	4.19	4.15	4.20	3.67
子女继承（1，0）	0.00	0.09	0.10	0.20	0.28	0.00	0.14
个人成就动因：家庭社会地位（1～5 分）	3.00	3.99	3.94	3.77	3.75	4.38	3.67
个人成就动因：家庭经济条件（1～5 分）	2.50	3.77	3.76	3.82	3.84	4.14	3.67
个人成就动因：受教育程度（1～5 分）	4.50	3.98	4.20	4.30	4.27	4.43	5.00
个人成就动因：天赋（1～5 分）	3.00	3.66	3.70	3.71	3.50	3.86	2.50
个人成就动因：努力程度（1～5 分）	5.00	4.54	4.58	4.69	4.50	4.86	4.00
个人成就动因：家里有关系（1～5 分）	3.00	3.82	3.85	4.02	3.58	3.86	5.00
个人成就动因：运气（1～5 分）	3.00	3.34	3.35	3.29	3.48	3.86	3.33
个人成就动因：政府官员的帮助（1～5 分）	1.00	3.27	3.22	3.49	3.10	3.43	3.67

5.4.4　兄弟姐妹个数

表 5－9 描述的是企业家兄弟姐妹个数和企业家主观画像各纬度得分之间的关系。企业家兄弟姐妹个数分为 7 组，分别 0 个、1 个、2 个、3 个、4 个、5 个和 6 个及以上。表 5－9 显示，企业家大都有较高的幸福感，其中有 3 个、2 个和 0 个兄弟姐妹的纬度分数最高，分别为 7.27 分、7.13 分和 7.00 分。

表 5－9　有不同个数兄弟姐妹的企业家主观画像各纬度得分情况

企业家对自身和社会打分	家庭背景（兄弟姐妹个数）						
	0	1	2	3	4	5	6＋
幸福感（0～10分）	7.00	6.91	7.13	7.27	6.96	6.89	6.89
生活满意程度（1～5分）	3.73	3.53	3.78	3.77	3.72	3.77	3.71
人际关系（0～10分）	6.55	6.78	7.35	7.31	7.23	7.31	7.16
风险偏好（1～10分）	6.00	5.62	6.15	6.14	5.32	5.49	5.12
未来信心（1～5分）	4.36	4.13	4.17	4.30	4.25	4.08	4.15
子女继承（1，0）	0.17	0.07	0.09	0.09	0.14	0.17	0.14
个人成就动因：家庭社会地位（1～5分）	3.36	4.10	3.89	4.04	3.83	4.04	3.79
个人成就动因：家庭经济条件（1～5分）	3.27	3.94	3.76	3.86	3.84	3.61	3.70
个人成就动因：受教育程度（1～5分）	3.45	3.94	4.05	4.12	4.13	4.28	4.22
个人成就动因：天赋（1～5分）	3.09	3.72	3.71	3.67	3.51	3.85	3.71
个人成就动因：努力程度（1～5分）	4.00	4.54	4.59	4.63	4.55	4.60	4.61
个人成就动因：家里有关系（1～5分）	3.73	4.04	3.81	3.77	3.89	4.01	3.71
个人成就动因：运气（1～5分）	3.91	3.56	3.42	3.41	3.33	3.28	3.30
个人成就动因：政府官员的帮助（1～5分）	2.70	3.58	3.37	3.20	3.30	3.16	3.26

5.5　政治资源

5.5.1　企业家自身政府资源

表5－10描述的是企业家自身有无政府资源和企业家主观画像各纬度得分之间的关系。企业家自身政府资源情况分为2组，分别为自身无政府资源、自身有政府资源。表5－10显示，自身有政府资源的企业家认为自身人际关系较好，该纬度分数为7.44分。自身无政府资源的企业家认为家里有关系对于自身成就很重要，该纬度分数为3.81分。

表5－10　有无政府资源的企业家主观画像各纬度得分情况

企业家对自身和社会打分	自身无政府资源	自身有政府资源
幸福感（0～10分）	6.96	6.87
生活满意程度（1～5分）	3.72	3.79
人际关系（0～10分）	7.18	7.44
风险偏好（1～10分）	5.94	5.79
未来信心（1～5分）	4.17	4.24
子女继承（1，0）	0.12	0.13
个人成就动因：家庭社会地位（1～5分）	3.94	3.95
个人成就动因：家庭经济条件（1～5分）	3.80	3.70
个人成就动因：受教育程度（1～5分）	4.08	4.03
个人成就动因：天赋（1～5分）	3.68	3.69
个人成就动因：努力程度（1～5分）	4.56	4.59
个人成就动因：家里有关系（1～5分）	3.81	3.64
个人成就动因：运气（1～5分）	3.43	3.31
个人成就动因：政府官员的帮助（1～5分）	3.32	3.21

5.5.2　企业家社会关系圈政府资源

图5－11描述的是企业家社会关系圈有无政府资源和企业家主观画像各纬度得分之间的关系。企业家社会关系圈有无政府资源情况分为2类，分别为社会关系圈无政府资源、社会关系圈有政府资源。表5－11显示，社会关系圈有政府资源的企业家认为家庭社会地位对于自身成就很重要，该纬度分数为4.02分。社会关系圈无政府资源的企业家认为政府官员的帮助对于自身成就很重要，该纬度分数为3.34分。

表5－11　社会关系圈有无政府资源的企业家主观画像各纬度得分情况

企业家对自身和社会打分	社会关系圈无政府资源	社会关系圈有政府资源
幸福感（0～10分）	6.92	7.09
生活满意程度（1～5分）	3.73	3.76
人际关系（0～10）	7.21	7.21
风险偏好（1～10分）	5.94	5.86
未来信心（1～5分）	4.19	4.11
子女继承（1，0）	0.12	0.13
个人成就动因：家庭社会地位（1～5分）	3.92	4.02
个人成就动因：家庭经济条件（1～5分）	3.81	3.71
个人成就动因：受教育程度（1～5分）	4.05	4.20
个人成就动因：天赋（1～5分）	3.66	3.75
个人成就动因：努力程度（1～5分）	4.56	4.57
个人成就动因：家里有关系（1～5分）	3.81	3.68
个人成就动因：运气（1～5分）	3.42	3.41
个人成就动因：政府官员的帮助（1～5分）	3.34	3.12

本章统计显示，广东地区年轻的企业家更愿意冒险，但希望自己子女继承家业的意愿比年长者略低。受教育程度越高的企业家，其幸福感越高。与其他外界因素，如家庭经济条件、人际关系等相比，广东的企业家认为自身的努力对于成功比较重要，尤其是其父母受教育程度比较高的企业家。比较有意思的一个现象是，有政治资源的企业家认为政府的帮助不重要，而没有该资源的企业家则认为政府官员的帮助比较重要。该结果有助于我们深入了解广东企业家的人生观等价值维度的特征。

附录 1

附录 1　相关行业简称和全称

序号	行业简称	行业全称
1	农林	农林牧渔业
2	采矿	采矿业
3	制造	制造业
4	电力	电力、热力、燃气及水生产和供应业
5	建筑	房屋建筑、土木工程建筑、建筑安装、建筑装饰和装修业
6	批发	批发零售业
7	交通	交通运输、仓储和邮政业（物流和快递业务）
8	住宿	住宿和餐饮业
9	信息	信息传输、软件和信息技术服务业
10	金融	金融业
11	房地产	房地产业（房地产租赁、中介和物业管理）
12	租赁	租赁和商务服务业（汽车、农业机械、设备、文化体育用品和设备、日用品租赁，办理进出口业务手续、劳务派遣、人力资源管理、法律咨询、会计代理和审计等）
13	科研	科学研究和技术服务业
14	水利	水利、环境和公共设施管理业
15	居民	居民服务、修理和其他服务业
16	教育	教育、卫生、社会工作、文化、体育和娱乐业
17	公管	公共管理、社会保障、社会组织或国际组织

附录2

附录2　各类职业简称和详细信息

简称	详细信息
国家机关人员	国家机关、党群组织或事业单位负责人
	国家机关、党群组织或事业单位部门负责人
企业负责人	企业单位负责人
	企业职能部门负责人
技术及服务人员	专业技术人员、办事人员
	有关人员以及商业或服务业人员
农林及生产运输等人员	农林牧渔、水利业生产人员
	生产、运输设备操作人员及有关人员
其他	除上述之外所有人员

致 谢

犹记得2018年，我带领广东外语外贸大学的240名学生前往各地寻找这些企业家进行访谈时，他们经常自谦地说道：“我只是小本经营的生意人，不是企业家。你们应该去寻找大公司的老板和成功人士。”他们也许经常“被忽略”，久而久之就连他们自己都忘记了自己的价值。事实上，对中国经济运行发挥重要作用的市场主体，便是这些民营企业经营者和创业者。所以，本书首先最要感谢的就是民营企业家，尤其是本书中接受我们访问的这1300多名创业者。感谢你们的坚韧与努力，让广东经济有序运行。感谢你们的慷慨，让我们有机会了解和记录中国基层企业的发展规律和特点。感谢你们的包容，让象牙塔里的学生以及大学教授更多了解到你们的创业实践。

其次，我要感谢的是广东外语外贸大学的博士研究生夏萌萌同学，广东外语外贸大学本科生黄韦明、吴凯帆、冯金庸、袁诗仪、陈泽宇等同学。他们在入企调查以及数据清理、各章节的统计分析工作中做了大量的工作。同时，我还要感谢广东外语外贸大学本科生代家欢、殷静梅、李可心等同学在表格整理以及文字校对工作中的贡献。一并感谢广东外语外贸大学孙楚仁教授、赖雪仪副教授、李唐副研究员、查婷俊博士和肖宵博士在数据搜集、数据处理，以及研究内容撰写过程中给予的指导。

再次，感谢北京大学企业大数据研究中心主任、中国企业创新创业调查项目（ESIEC）负责人张晓波教授及其团队在问卷设计与调查系统方面的指导与技术支持。感谢广东外语外贸大学240名队员、曾楚宏教授、韩永辉教授、商杰强博士、张健博士、彭科明老师、闫晓珊老师和范火凤老师等在田野调查期间给予的帮助。

最后，感谢国家自然科学基金委面上项目（项目批准号：71973037、71974039）、国家社会科学基金重大项目“粤港澳大湾区构建具有国际竞争力的现代产业体系研究”（20&ZD085）、广东省教育厅创新团队项目（2017WCXTD003）的资助，以及广东外语外贸大学广东国际战略研究院等平台的支持。谨以此书献给那些奋斗在经济运行一线的中小微企业家们。

后续，项目组于2020年2月和5月，分别对这些企业家进行了追踪访问。重点询问了他们在新冠肺炎疫情冲击前后的生存状态，系列研究报告发布在《知识分子》、财新网等媒体上，有兴趣的读者可访问如下链接：https：//mp. weixin. qq. com/s/fja26lq6f5a－fT8XszP－gg 。

2020年12月27日于白云山

图书在版编目（CIP）数据

广东省民营企业调查研究：2018－2020／徐丽鹤，李青著．--北京：社会科学文献出版社，2023.5

ISBN 978－7－5201－9218－7

Ⅰ．①广…　Ⅱ．①徐…　②李…　Ⅲ．①民营企业－企业发展－调查研究－广东－2018－2020　Ⅳ．①F279.245

中国版本图书馆CIP数据核字（2021）第210945号

广东省民营企业调查研究（2018～2020）

著　　者／徐丽鹤　李　青

出 版 人／王利民
责任编辑／王玉敏
文稿编辑／陈　冲
责任印制／王京美

出　　版／社会科学文献出版社·联合出版中心（010）59367153
地址：北京市北三环中路甲29号院华龙大厦　邮编：100029
网址：www.ssap.com.cn
发　　行／社会科学文献出版社（010）59367028
印　　装／三河市龙林印务有限公司

规　　格／开　本：787mm×1092mm　1/16
印　张：14　字　数：156千字
版　　次／2023年5月第1版　2023年5月第1次印刷
书　　号／ISBN 978－7－5201－9218－7
定　　价／79.00元

读者服务电话：4008918866